Gabriele Kopp, Josef Alberti, Siegfried Büttner

PLANET PLUS

A 2.1

DEUTSCH FÜR JUGENDLICHE

Kursbuch

Hueber Verlag

3. 2. 1. | Die letzten Ziffern
2021 20 19 18 17 | bezeichnen Zahl und Jahr des Druckes.
Alle Drucke dieser Auflage können, da unverändert, nebeneinander benutzt werden.
1. Auflage

Umschlaggestaltung: Sieveking · Agentur für Kommunikation, München
Zeichnungen: Bettina Kumpe, Braunschweig
Gestaltung und Satz: Sieveking · Agentur für Kommunikation, München
Verlagsredaktion: Nikolin Weindel, Hueber Verlag, München
Druck und Bindung: Firmengruppe APPL, aprinta druck GmbH, Wemding
Printed in Germany
ISBN 978-3-19-001780-5

Art. 530_08674_001_01

Inhalt

Piktogramme und Symbole

	In der Aufgabe geht die Modulgeschichte weiter.
1/07 (CD 1, Track 7)	Aufgabe mit Hörtext
→ AB 8	Passende Übung im Arbeitsbuch
	Hinweise zum Wortschatz und zur Kommunikation
	Hinweise zur Grammatik
	Hinweise zur Aussprache
	Lerntipp

Inhalt

1 Bei der Arbeit, in den Ferien, beim Film, beim Sport, ...

a Lies die Wörter. Welche Wörter kennst du?

1/02-07 **b** Hör die Szenen 1–6 und schau die Bilder A–F an. Was passt zusammen?

1/02-07 **c** Hör die Szenen noch einmal und zeig die Wörter auf den Bildern mit.

→ AB 1

2 Meine Wörter

1/08 **a** Hör die Wörter, lies in den Bildern in **1** mit und sprich nach.

b Schreib die Wörter in den Bildern auf Karten. Leg die Karten auf den Tisch.

Ski | Restaurant | Training

1/02-07 **c** Nun hör die Szenen aus **1** noch einmal.
→ AB 1 Hörst du das Wort? Dann halte die Karte hoch.

3 Woher kommen die Wörter?

(A) aus Frankreich

(B) aus Norwegen

(C) aus Spanien

(D) aus Belgien

(E) aus Frankreich

(F) aus England/USA

instrumentum

(G) aus dem alten Rom

(H) aus Italien

(I) aus Griechenland

a Schau die Bilder an und lies die Wörter.

b Suche die Wörter aus **a** in den Bildern von **1**.

c Woher kommen die anderen Wörter in **1**? Sprecht in der Klasse darüber.
Aus welchem Land kommen die Wörter „Chef" und „Büro"?
Aus welchem Land kommen die Wörter „Training" und „Jogging"? ...

d Welche Wörter aus anderen Ländern gibt es in deiner Sprache?
→ AB 2

4 Was ist was?

RESTAURANT

*** SPEISEKARTE ***

* SUPPEN	
Nudelsuppe	3.90
Tomatensuppe	4.20
* HAUPTGERICHTE	
Spaghetti Bolognese	6.60
Hähnchen mit Pommes frites	7.90
Gulasch mit Nudeln	8.70
* VEGETARISCHE GERICHTE	
Gebratenes Gemüse	6.50
Pizza	6.20

(1)

Nebenjob

Nebenjob für Mittwoch oder Samstag zu vergeben.
Auch für Studenten oder Schüler
Aufgaben:

- Einfache Büro-Arbeiten
- Hilfe im Geschäft

Info unter 089/42225910

(2)

Jetzt im Angebot!

Skianzüge und Jogginghosen

(3)

City Tour

3x täglich • 15 €/Person

(4)

a Lies die Anzeigen. Welche Wörter erkennst du?

b Zu welchen Anzeigen gehören die Fotos A–D?

(A) Sport

(B) Essen und Trinken

(C) Ferien

(D) Arbeit

→ AB 3

9

Schau die Bilder an. Worum geht es? Sprich darüber.

Ferienerlebnisse

Das lernst du:

- Erlebtes erzählen
- sich orientieren
- Erlaubnis und Verbote aussprechen
- jemanden bitten/auffordern
- Personen vergleichen
- im Haus
- Tätigkeiten im Haushalt
- Gegenstände im Haushalt
- Partizip Perfekt
- unpersönliches *es* + Akkusativ
- Imperativ mit *Sie*
- Komparativ und Superlativ

Geschichte: Ivo und das Feriencamp

Nach den Ferien

1 Unsere Ferien

1/09 **a** Schau das Bild an und hör zu. Wer spricht?

1/09 **b** Hör noch einmal zu. In welcher Reihenfolge kommen die Personen und Bilder vor?
Was ist das Lösungswort?

S

c Lies die Sätze. Mach die Sätze richtig.

1. Sven war im Feriencamp.
2. Mia war in Spanien.
3. Fiona und ihre Eltern waren bei Oma Lina.
4. Fiona hatte Besuch von Cousin Sven.
5. Ivo und seine Freunde hatten die Fahrräder dabei.

1/09 **d** Lies noch einmal die Sätze von c.
Wie sagen das die Schüler?
Zu schwer? Dann hör noch einmal die Szene von a.

Sven sagt: Ich war ...
Fiona sagt: Ich hatte ...

→ AB 1-2

WIEDERHOLEN
***haben* und *sein* im Präteritum**

ich	hatte	war
du	hattest	warst
er/es/sie	hatte	war
wir	hatten	waren
ihr	hattet	wart
sie/Sie	hatten	waren

2 Was haben sie in den Ferien gemacht?

a Lies die Aussagen und schau die Bilder in 1a an.
Zu welchen Bildern passen sie? Nenne die Buchstaben.

1. Ich bin jeden Tag geritten.
2. Wir haben meine Oma besucht.
3. Wir sind mit dem Rad gefahren.
4. Ich habe viel fotografiert.
5. Wir sind nach Spanien geflogen.
6. Ich bin jeden Tag geschwommen.
7. Ich bin zu Hause geblieben.
8. Wir sind viel zu Fuß gegangen.
9. Wir haben Ausflüge gemacht.

b Lies noch einmal die Aussagen. Wer hat was gemacht?

Sven ist ...

→ AB 3

WIEDERHOLEN
Perfekt mit *sein*
= *Verben der Bewegung*
reiten, kommen, ...
und bleiben
Ich **bin** geritten.
Wir **sind** gekommen.
Ihr **seid** geblieben.

Perfekt mit *haben*
= *alle anderen Verben*
lachen, schlafen, ...
Du **hast** gelacht.

3 Ein Hör-Rätsel

reiten

laufen

kommen

schwimmen

Rad fahren

gehen

fliegen

zu Hause bleiben

lachen

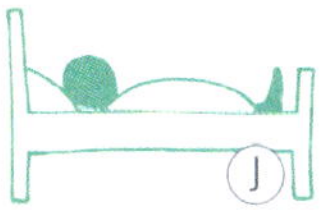

schlafen

Basketball spielen

fotografieren

1/10 **a** Hör zu und schau die Bilder an. Was hörst du?

1/11 **b** Schau die Bilder an. Hör zu und beantworte die Frage.
Hör dann zur Kontrolle die richtige Antwort.

→ AB 4-5

4 Lücken-Übung

1/12 **a** Du hörst einen Satz mit „hm hm“. Sprich den Satz komplett.

b Mach „hm hm-Sätze“ für deine Partnerin/deinen Partner.

→ AB 4-5

5 Und jetzt du!

Frag deine Partnerin/deinen Partner.
Dann fragt sie/er dich.
→ AB 6 Verwendet die Verben aus 2, 3 und 4.

Hast du/Bist du schon einmal ...?

Warst du schon einmal ...?

Erlebtes erzählen
Ich habe/bin schon einmal ...
Ich war schon einmal ...

6 Schülerforum

Das waren meine Sommerferien

A. Wir sind in den Ferien zu Hause geblieben und haben Ausflüge gemacht. Maja

B. Wir waren in Österreich. Wir sind viel gewandert. Einmal sind wir in den Wald gegangen. Wir haben eine Pause gemacht, ein Brot gegessen und etwas getrunken. Ich habe ein wenig fotografiert. Dann sind wir weitergegangen. Und ich habe meine Kamera vergessen. Das war blöd! Jan

C. Wir sind nach Australien geflogen und haben meine Tante besucht. Heiko

D. Ich habe in Griechenland Camping-Ferien gemacht. Ich habe im Zelt geschlafen, direkt am Strand.Das war toll! Mark

E. Macht dir das Spaß, Camping machen und im Zelt schlafen? Wirklich? Na,ich weiß nicht. Rosi

F. Hast du denn deine Kamera wieder bekommen? Ulla

G. Ich möchte auch einmal nach Australien fliegen. Aber wen kann ich da besuchen? Ben

H. Zu Hause bleiben, ist das nicht langweilig? Paula

I. Die Kamera im Wald vergessen? Du hast wohl nur an Essen und Trinken gedacht! Elias

a Lies die Texte. Welche Texte passen zusammen?

b Lies die Texte noch einmal und lies dann die Aussagen. Was ist richtig? Was ist falsch?

1. Maja hat keine Ausflüge gemacht.
2. Jan hat seine Kamera gegessen.
3. Elias hat viel getrunken.
4. Heiko ist zu Fuß nach Australien gegangen.
5. Mark ist nach Griechenland gefahren.
6. Ulla hat eine Kamera bekommen. → AB 7-9

Partizip Perfekt
WIEDERHOLEN
machen → gemacht
ebenso: spielen, lachen, ...

laufen → gelaufen
ebenso: schlafen, fahren, ...

ERWEITERN
mit Vorsilbe
besuchen → besucht
bekommen → bekommen

auf *-ieren*
fotografieren → fotografiert
ebenso: telefonieren, ...

mit Vokalwechsel
trinken → getrunken
reiten → geritten, ...

unregelmäßig
gehen → gegangen
essen → gegessen

7 Würfelspiel

a Schreibt Verben im Infinitiv auf Karten. Kennzeichnet mit zwei verschiedenen Farben das Perfekt mit *haben* oder *sein*.

schlafen | lachen | gehen | fahren

b So geht das Spiel: Schau im PluMa auf Seite 66 nach.
→ AB 7-9

1 Was gibt es im Feriencamp?

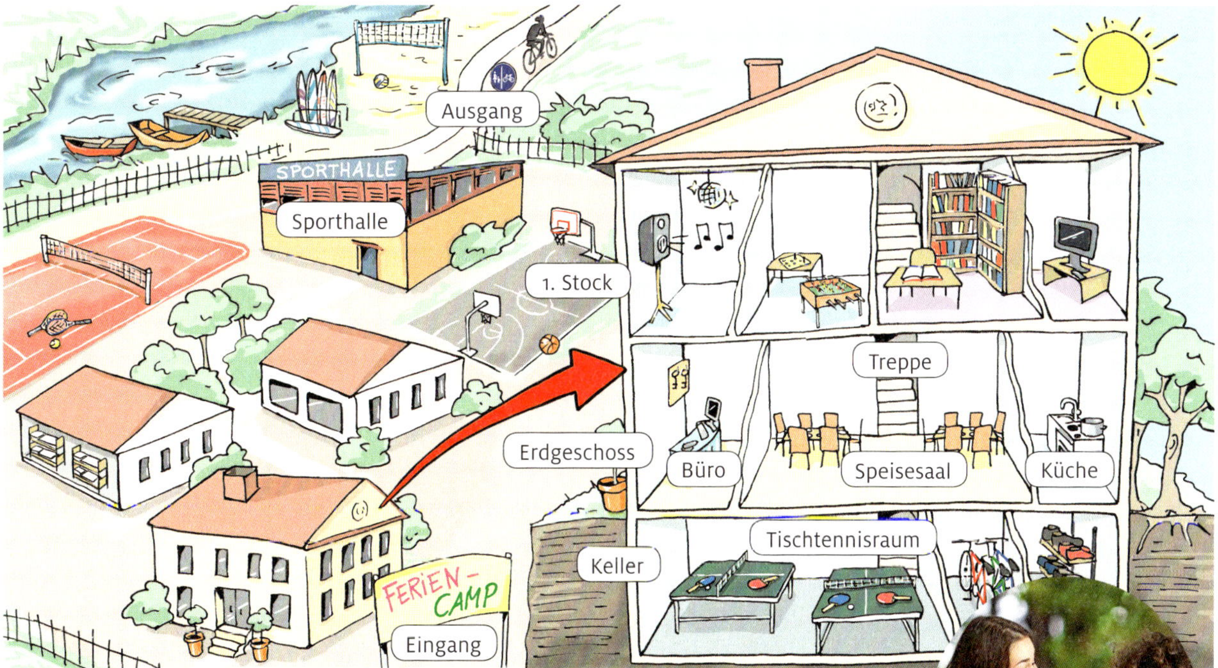

▲ Sag mal, Ivo, wie sieht denn so ein Camp aus?

■ Na ja, man kommt vorn an und geht ins Büro. Das ist gleich beim ??? (1). In diesem Haus ist im ??? (2) auch der Speisesaal. Da geht man also zum Essen hin. Unten im ??? (3) gibt es einen Tischtennisraum. Und oben im ersten ??? (4) gibt es eine Disco, den Fernsehraum, eine ??? (5) und ein Spielzimmer mit Tischfußball und so. Dann sind rechts und ??? (6) zwei Häuser. Da wohnt man. ??? (7) die Jungen und links die Mädchen. Und ganz hinten ist die ??? (8). Drinnen im Camp gibt es einen ??? (9) und ein Basketballfeld. Draußen am ??? (10) gibt es Surfboards, Beach-Volleyball und … einen Radweg.

a **Schau das Bild an und lies den Dialog.**

1/13 **b** **Lies den Dialog noch einmal und ergänze die Wörter. Hör dann den Dialog zur Kontrolle.**

→ AB 1-2 Zu schwer? Dann hör zuerst den Dialog.

im Haus
Keller
Erdgeschoss
im ersten Stock
Eingang
Ausgang
Treppe

unpersönliches *es* + Akkusativ
Es gibt einen Tennisplatz.

2 So ein Quatsch!

a **Schau das Bild in 1 an und mach die Sätze richtig.**

1. Die Küche ist oben im ersten Stock.
2. Die Sporthalle ist vorn.
3. Der Tennisplatz ist draußen am See.
4. Die Mädchen schlafen rechts.

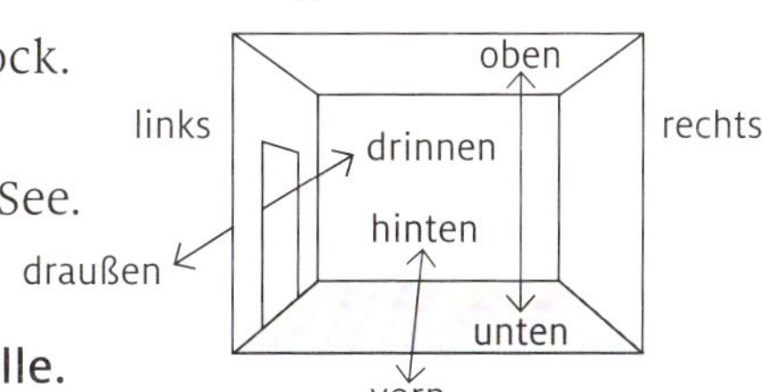

1/14 **b** **Hör die richtigen Sätze zur Kontrolle.**

→ AB 3-4

sich orientieren
vorn ↔ hinten
unten ↔ oben
drinnen ↔ draußen
rechts ↔ links

3 Die Hausordnung

a **Lies die Hausordnung. Zu welchen Abschnitten passen diese Titel?**

- A Zeitplan
- B Ordnung im Zimmer
- C Regeln für den Sport
- D Tischdienst

b **Lies die Hausordnung noch einmal und beantworte die Fragen.**

1. Welche Uhrzeiten muss man einhalten?
2. Wann müssen die Jugendlichen schlafen gehen?

HAUSORDNUNG

Hallo, liebe Gäste. Bitte beachtet diese Punkte:

1 Jede Zimmergruppe muss selbst Ordnung im Zimmer machen: das Bett machen, das Zimmer aufräumen und den Müll in den Container im Keller bringen.

2 Das sind die Essenszeiten: Frühstück 8.00 Uhr • Mittagessen 12.30 Uhr • Abendessen 18.30 Uhr

3 Vor dem Essen decken die Zimmergruppen den Tisch. Nach dem Essen bringen sie das Geschirr zurück und machen die Tische sauber.

4 Die Nachtruhe beginnt um 22.30 Uhr.

5 Man darf die Sportgeräte benutzen, aber bitte vorher im Büro anmelden! Surfen nicht ohne Surflehrer!

1/15 **c** **Hör zu, zeig mit und lies mit.**

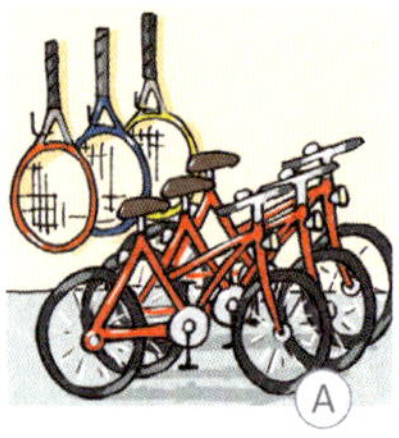
A die Sportgeräte benutzen

B das Zimmer aufräumen

C den Tisch decken

D das Bett machen

E den Müll wegbringen

F das Geschirr zurückbringen

G den Tisch sauber machen

d **Lies die Hausordnung noch einmal. Was *muss* man machen? Was *darf* man machen? Finde die Tätigkeiten im Text.**

→ AB 5

TIPP
Konzentriere dich beim Lesen auf das, was du verstehst. Dann verstehst du, worum es im Text geht.

Erlaubnis und Verbote aussprechen
Man darf die Sportgeräte benutzen.
Man muss das Bett machen.

4 Interviewspiel

a **Sammelt an der Tafel Tätigkeiten im Haushalt. Verwendet die Tätigkeiten aus 3c und schreibt weitere dazu.**

1. das Zimmer aufräumen
2. den Tisch decken
3. das Bett machen
4. ...
5. ...
6. den Tisch sauber machen
7. kochen
8. das Frühstück machen
9. einkaufen
10. ...

b **So geht das Spiel: Schau im PluMa auf Seite 67 nach.**

→ AB 5

Tätigkeiten im Haushalt
den Tisch decken/sauber machen
aufräumen
den Müll wegbringen
das Bett machen

5 Laute und Buchstaben: kurze Vokale vor Doppelkonsonant

1/16 **a** Hör zu und sprich nach.

1/17 **b** Lies laut. Hör dann die Sätze zur Kontrolle.

Vom Erdgeschoss geht eine Treppe in den Keller. ▪ Im Zimmer sind vier Betten. ▪ Jede Gruppe muss nach dem Mittagessen das Geschirr zurückbringen. ▪ Der Tischtennisraum ist drinnen, der Tennisplatz draußen. ▪ Herr Müller, kann man im Sommer hier schwimmen?

→ AB 6-7

So sprichst du den Vokal vor Doppelkonsonant

Den Vokal vor Doppelkonsonant spricht man kurz.

6 Und jetzt du!

Frag deine Partnerin/deinen Partner.
Dann fragt sie/er. Du antwortest.

→ AB 7

Was machst du gern im Haushalt?

... lieber ... oder ...?

7 Ivos Aufgaben im Camp

1/18 **a** Hör zu und schau die Bilder an.

1/18 **b** Hör noch einmal zu. Welches Bild passt nicht zu Ivos Erzählung? Was ist im Camp wirklich passiert? Was glaubst du?

1/19 **c** Schau die Bilder an. Hör die Aussagen und mach sie richtig. Hör dann die richtigen Aussagen zur Kontrolle.

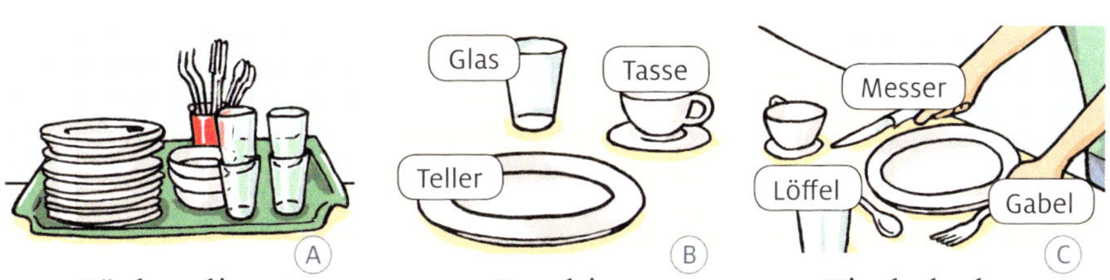

Küchendienst — Geschirr — Tisch decken

→ AB 8

Gegenstände im Haushalt

Geschirr:
Teller/Teller
Glas/Gläser
Tasse/Tassen
Besteck:
Löffel/Löffel
Messer/Messer
Gabel/Gabeln

TIPP

Lern Nomen immer mit dem Plural.

8 Im Camp: Betten machen

- ■ Mensch, ich habe noch nie ein Bett gemacht. Ich kann das einfach nicht. Herr Müller, kommen Sie doch bitte mal!
- ● Na, alles klar?
- ■ Nein. Ich kann das nicht. Helfen Sie mir bitte!
- ● Also, das musst du schon allein machen.

1/20 **a** **Hör zu und lies mit.**

b **Macht weitere Dialoge mit:**

Frau Pelz — Machen Sie doch bitte mein Bett! Na, hör mal!
Herr Meier — Wie geht das? Zeigen Sie doch mal! Das geht so ...

1/21 **c** **Hört die Dialoge zur Kontrolle.**

→ AB 9-11

jemanden bitten/ auffordern
Helfen Sie mir bitte!
Zeigen Sie doch mal.

Imperativ mit *Sie*
Sie helfen mir. →
Helfen Sie mir bitte!

9 Anzeigen: Feriencamps

Sportcamp „Europa"

für Jugendliche ab 14 Jahren
direkt am Thunersee/Schweiz
Zwei-Bett-Zimmer wie im Hotel,
Vollpension, kein Küchendienst,
viele Wassersportmöglichkeiten

(A)

FERIENCAMP

„Mondsee" Österreich, direkt am See
für Jugendliche von 12 bis 16 Jahren
Tennisplatz, Beachvolleyball und
weitere Sportangebote: Schwimmen
und Windsurfen im See;
auf Wunsch Surf- und Tenniskurse

(C)

Jugendcamp „Sommerspaß",
nur 2 km vom Wolfgangsee
großes Schwimmbad, Tennisplätze
und weitere Sportangebote;
auf Wunsch Reitunterricht auf
einem Reiterhof in der Nähe

(B)

KINDER-FERIENCAMP

FÜR KINDER VON 8–10 JAHREN
Liebe Eltern! Bringen Sie Ihre Kinder zu uns!
Und holen Sie sie nach zwei Wochen glücklich ab.
Bei uns gibt es Spielplätze, Ponys, Basteln und vieles mehr.
Und sicher keine Langeweile!
Und noch etwas: Geben Sie bitte kein Taschengeld mit!
Schreiben Sie den Namen in alle Kleidungsstücke!
Wir freuen uns auf Sie und Ihre Kinder.
Ihr Team vom Kinder-Camp am Ammersee.

(D)

a **Lies die Anzeigen. In welchem Camp war Ivo?**

b **Stell deiner Partnerin/deinem Partner Fragen zu den Anzeigen mit Wo? Wer? Was? Wann? Frag auch so:**

Möchtest du einmal in ein Feriencamp fahren?
Wie muss das Camp sein?
Wohin möchtest ...?
Was muss es da geben?

c **Lies noch einmal Anzeige D. Gib den Eltern weitere Anweisungen.**

ein Buch mitgeben
die Telefonnummer aufschreiben
das Lieblingsspielzeug nicht vergessen ...

→ AB 9-11

1 Sport im Camp

1. ▲ Sind das die Fotos aus dem Camp?
   ■ Ja. Da kannst du sehen, was wir im Camp gemacht haben.
   ▲ Aha! Du auch, Ivo?
   ■ Ja klar!
   ▲ Du bist aber nicht auf den Fotos.
   ■ Natürlich nicht. Ich habe ja fotografiert.
   ▲ Ach so. Aber ... Hast du überall mitgemacht?
2. ■ Ja klar. Ich habe Windsurfen gelernt. Jetzt surfe ich wirklich gut, besser als meine Freunde.
   ▲ Bravo!
3. ■ Schwimmen war schon immer mein Hobby. Ich schwimme schnell, schneller als die anderen.
4. ▲ Hast du auch Rock 'n' Roll getanzt?
   ■ Natürlich!
   ▲ Das ist doch gar nicht deine Musik. Du bist doch nicht so alt.
   ■ Na und? Die anderen waren alle älter als ich. Aber ich war besser als sie.
5. ▲ Kannst du auch Basketball spielen? Du bist doch gar nicht so groß.
   ■ Viele sind größer als ich. Aber das macht doch nichts. Beim Basketball muss man hoch springen. Und ich springe höher als viele Mitspieler.
   ▲ Du bist ja richtig sportlich. Das habe ich gar nicht gewusst.

1/22 **a** **Hör zu und lies mit.**

b **Lies den Dialog und schau die Fotos an. Welche Dialogteile 2, 3, 4 und 5 passen zu den Fotos? Was ist das Lösungswort?**

c **Lies den Dialog noch einmal und beantworte die Fragen.**

1. Surft Ivo besser oder schlechter als seine Freunde?
2. Schwimmt Ivo langsamer oder schneller als die anderen?
3. Ist Ivo älter oder jünger als viele Jugendliche dort?
4. Ist Ivo größer oder kleiner als viele Basketballspieler?

1/23 **d** **Hör die Antworten zur Kontrolle.**

→ AB 1-3

Komparativ

schnell → schneller (als)
klein → kleiner (als)
groß → größer (als)
alt → älter (als)
jung → jünger (als)
hoch → höher (als)

Adjektiv + -er (als)

!

gut → besser (als)

2 Und jetzt du!

Vergleiche dich mit deiner Freundin/deinem Freund oder mit deiner Schwester/deinem Bruder.

Wie groß bist du? Schreib so: *Ich bin größer/kleiner als …*

Wer kann ganz schnell laufen? Schreib so: *… kann schneller laufen als …*

Mach auch Sätze zu diesen Fragen:

1. Bist du gut in Sport?
2. Bist du schlecht in Mathe?
3. Wie alt bist du?
4. Wer kann ganz hoch springen?

→ AB 1-3

Personen vergleichen
Ich bin größer als meine Schwester.

kleiner als ↔ größer als

3 Im Camp: Am Schwarzen Brett

FERIENCAMP MONDSEE: Unser Programm für diese Woche

Montag ab 19:30 Uhr
Tanzkurs: Disco-Fox
in der Disco

Dienstag, ab 15.00 Uhr
Volleyball am See,
bei Regen in der
Sporthalle

Mittwoch ab 14.00 Uhr
Tischtennis-Turnier
in der Sporthalle

Donnerstag ab 10.00 Uhr
Surfen für Anfänger
Treffpunkt am See

Freitag ab 16.00 Uhr
Schwimmtraining und
Wassergymnastik im See

Freitag bis Sonntag
täglich ab 15.00 Uhr,
großes Basketball-Turnier
Anmeldung im Büro

1 Na ja, Rock 'n' Roll habe ich schon gelernt. Warum nicht noch einen anderen Tanz?

2 Surfen? Super! Aber halt! Ich bin doch kein Anfänger mehr. Nein, dann nicht!

3 Da mache ich mit! Ich kann schnell laufen, hoch springen und gut in einer Mannschaft spielen.

a **Lies das Programm und Ivos Aussagen. Wo möchte er mitmachen?**

b **Wo möchtest du mitmachen?**

Ich möchte …
Ich kann …

→ AB 4

4 Streit-Lied

Wir springen weiter, viel weiter als ihr.
Und wer schwimmt schneller? Wir! Wir! Wir!
Wir gewinnen!
Nein, wir gewinnen!

Und wir gewinnen doch!
Wollen wir denn nicht beginnen?
Warum wartet ihr denn noch?

1/24 a **Hör zu, lies mit und sing mit.**

b **Macht weitere Strophen:**

Basketball: höher springen → schneller laufen ▪ Rock 'n' Roll: besser tanzen → höher springen ▪ Tennis: schneller laufen → besser spielen

1/25 c **Karaoke: Sing die Strophen zum Playback.**

→ AB 4

5 Jonas kommt

1/26 **a** Hör zu und schau die Bilder an.

1/26 **b** Hör noch einmal zu und ordne die Bilder. Was ist das Lösungswort?

c Lies die Aussagen. Was ist richtig? Was ist falsch?

1. Ivo hat am besten von allen gespielt.
2. Ivo ist am höchsten gesprungen.
3. Ivo war in Sport am schlechtesten.
4. Ivo ist am schnellsten von allen gelaufen.
5. Ivo ist am langsamsten geschwommen.
6. Mia mag Tanzen am liebsten.
7. Ivo ist am meisten von allen ins Wasser gefallen.
8. Ivo hat am besten Rock 'n' Roll getanzt.

→ AB 5-6

Superlativ

schnell	→ am schnellsten
langsam	→ am langsamsten
hoch	→ am höchsten
jung	→ am jüngsten
alt	→ am ältesten
groß	→ am größten

am *Adjektiv* + -sten

!

viel	→ am meisten
gern	→ am liebsten
gut	→ am besten

6 Spiel: „Schwarzer Peter“

a Schreibt zehn Kartenpaare und macht dazu die Karte „Schwarzer Peter“.

b So geht das Spiel: Schau im PluMa auf Seite 68 nach.

→ AB 5-6

25 | 26 | 27 Zum Schluss

1 Lesen: Schülerforum

Meine Erlebnisse im Feriencamp

Anna
Es war alles super. Nur das Essen hat mir nicht geschmeckt.

Benno
Da waren nur Doppelzimmer. Super, nur zwei Leute im Zimmer!

Cora
Unser Camp war am See, also Wassersport! Aber wie denn? Das Wetter war so schlecht!

Daniel
Das Camp war toll! Ich habe so viele nette Leute kennengelernt.

Elvira
Das Sportangebot war super: Tennis, Surfen und auch mein Lieblingssport Reiten.
Nur der Reitlehrer war doof.

Florian
Wir waren zu sechst in einem Zimmer. Da kann ich nicht gut schlafen.

Gila
Ich hatte drei wunderbare Wochen, fast immer Sonne, nur drei Tage Regen.

Hannes
Wir haben viel Sport gemacht, jeden Vormittag Tennis und am Nachmittag Schwimmen oder Surfen.

Ina
In unserem Camp waren Jugendliche aus Polen, England, Italien, usw. Ich habe viele Freunde gefunden.

Julian
Drei Super-Wochen. Alles war in Ordnung, das Zimmer, das Essen, das Sportangebot, die Trainer, alles! Aber leider nur drei Wochen.

a Lies die Aussagen A – J. Um welche Themen geht es? Schreib die Buchstaben auf.

Sport: C…

Sport: ???	Essen: ???	Zimmer: ???
Trainer: ???	Wetter: ???	Leute kennenlernen: ???

b Lies die Aussagen noch einmal. Wer hat etwas nicht gut gefunden?

c Lies die Aussagen noch einmal. Was ist richtig? Was ist falsch?

1. Julian hat das Sportangebot super gefunden.
2. Hannes hat Wassersport gemacht.
3. Ina hat keine Leute kennengelernt.
4. Bei Florian waren sechs Leute in einem Doppelzimmer.
5. Anna hat das Essen super geschmeckt.
6. Bei Gila war das Wetter sehr schlecht.

d Welches Camp findest du interessant? Und warum? Sprecht in der Klasse darüber.

Ich möchte in Inas/Bennos/… Camp fahren. Da kann man … Da gibt es …

Ich … gern …

2 Ein Lesespiel

Die Klasse in mehrere Gruppen teilen. Der Lehrer liest einen Satz aus einem Text vor. Alle Gruppen suchen den Satz. Wer findet ihn am schnellsten? Ein Punkt für die Gruppe.

3 Projekt: „Sportstern“

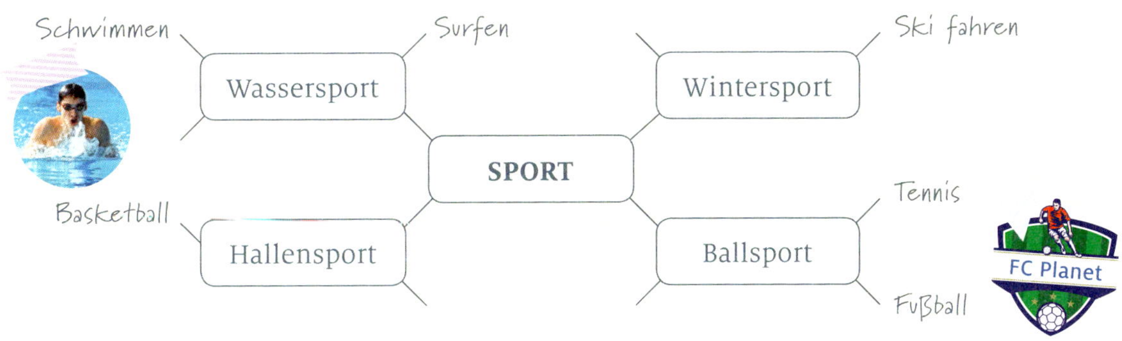

a Macht einen „Sportstern“ auf ein Plakat.

b Klebt Bilder und Zeitungsartikel, auch von euren Lieblingssportlern, zu den Sportarten. Der Stern wird immer größer.

c Schreibt Zettel. Klebt eure Zettel in den Stern.

Mein Lieblingssport ist …

Ich spiele am liebsten …

4 Wir sprechen miteinander: Thema „Sport, Freizeit …“

a Schreibt in jeder Gruppe vier Karten zu verschiedenen Themen.

Fragen zur Person	Fragen zur Person	Fragen zur Person	Fragen zur Person
Sport?	Freizeit?	Ferien?	Tätigkeiten im Haushalt?

b Stell deiner Partnerin / deinem Partner eine Frage zu jeder Karte. Sie / Er antwortet. Dann wechseln.

Sport?	Freizeit?	Ferien?	Tätigkeiten im Haushalt?
● Welchen Sport machst du?	● Was machst du in deiner Freizeit?	● Wo warst du in den Ferien?	● Was musst du zu Hause machen?
■ Ich schwimme gern.	■ Ich treffe oft Freunde.	■ Wir waren zu Hause.	■ Ich muss den Tisch decken.

5 Portfolio: Das bin ich

a Schreib auf:

deinen Namen,
dein Alter,
deine Freunde,
deinen Lieblingssport,
was du gut kannst
und was du gern machst

Ich heiße …
Ich bin … Jahre alt.
Meine Freunde sind …
Mein Lieblingssport ist …
Ich kann gut …
Ich mache gern …

b Leg das Blatt in dein Portfolio.

Kommunikation

Erlebtes erzählen	Ich war schon einmal ... ▪ Ich habe/bin schon einmal ...
sich orientieren	Die Sporthalle ist vorn/hinten/unten/rechts/links/oben/drinnen/draußen.
Erlaubnis und Verbote aussprechen	Man darf die Sportgeräte benutzen. ▪ Man muss das Bett machen.
jemanden bitten/ auffordern	Helfen Sie mir bitte! ▪ Zeigen Sie doch mal!
Personen vergleichen	Ich bin größer/kleiner/älter/jünger/ ... als meine Schwester/mein Freund/ ...

Grammatik

1 Verb

Partizip Perfekt	
mit Vorsilbe **be**- + *Verb-Basis* + -**t**	**be**suchen → **be**such**t**
oder **be**- + *Verb-Basis* + -**en**	**be**kommen → **be**komm**en**
auf -ieren *Verb-Basis* + -**t**	fotograf**ieren** → fotografier**t**
mit Vokalwechsel	bleiben → gebl**ie**ben fliegen → gefl**o**gen
unregelmäßig	gehen → **gegangen** essen → **gegessen**

Imperativ mit Sie	
Aussagesatz	Sie helfen mir.
Imperativ	Helfen Sie mir bitte!

2 Adjektiv

Komparativ und Superlativ		
Positiv	*Komparativ*	*Superlativ*
schnell hoch alt	schnell**er** (als) **höher** **älter** (als)	**am** schnell**sten** **am** höch**sten** **am ältesten**
! viel gern gut	**mehr** (als) **lieber** (als) **besser** (als)	**am meisten** **am liebsten** **am besten**
Ich bin **älter als** meine Schwester.		
Mein Bruder Josef ist **am ältesten.**		

3 Unpersönliches *es* + Akkusativ

Es gibt ...	einen Keller.
	ein Büro.
	eine Disco.
	Fahrräder.

10

Schau die Bilder an. Worum geht es?
Sprich darüber.

Geschichte: Alexa, Max und Felix und das Futsal-Turnier

Sport ist gesund

Das lernst du:

- etwas vergleichen
- über das Befinden sprechen
- etwas begründen
- Personalpronomen im Dativ
- Zeitangaben mit Dativ
- Nebensatz mit *weil*

- Körperteile
- Krankheiten
- Arztbesuch

1 Einladung zum Futsal-Turnier

Alexa Wiese
Klasse 7b • Schulgruppe Fußball ①

Bastian Eiger
Klasse 7c • Schulgruppe Basketball ②

Felix Moser
Klasse 7b • Schachclub Schwarz-Weiß ③

Einladung

Liebe Schülerinnen und Schüler der 7. und 8. Klassen der Goethe-Schule

Auch dieses Jahr findet wieder **das Futsal-Turnier (Hallenfußball-Turnier)** der Rosenheimer Schulen statt.

Zeit: 16. bis 20. November
Ort: Sporthalle Rosenheim

Wer hat Interesse?

Meldet euch bis spätestens Montag, 31. Oktober bei Herrn Schuster, Sportlehrer

Laura Blum
Klasse 7a • Theatergruppe ④

Timo Wolf
Klasse 7a • Schulgruppe Fußball ⑤

Max Altmann
Klasse 7b • Fußballverein FC Rose ⑥

a Lies die Einladung und stell Fragen dazu mit Was? Wo? Wann? Wer?

b Diese sechs Schüler haben die Einladung gelesen. Lies die Sätze 1–6 und die Aussagen P–I. Wer sagt das? Ordne zu. Was ist das Lösungswort?

1. Alexa ist eine gute Fußballspielerin.
2. Laura findet Fußball nicht interessant.
3. Felix spielt Fußball, aber nicht so gut.
4. Bastian ist Basketballer.
5. Timo mag Hallenfußball nicht.
6. Max spielt bei einem Fußballklub.

P Fußball! Wie langweilig!
S Super! Da können auch Mädchen mitspielen.
L Ich spiele lieber draußen Fußball.
E Kein Basketball-Turnier. Schade.
E Da mache ich mit. Ich spiele doch in einem Verein.
I Hoffentlich darf ich mitmachen.

c Wer möchte mitmachen? Was glaubst du?
Schreib die Anmeldung in dein Heft und füll sie für die Mitspieler aus.

Goethe-Schule Rosenheim

Vorname	Name	Klasse	Klub/Gruppe

→ AB 1

2 Was ist Futsal?

FUTSAL – weltweit fairer Hallenfußball

1 **Was ist Futsal?** Futsal ist eine Variante des Hallenfußballs.

2 **Was heißt Futsal?** Futsal ist ein zusammengesetztes Wort aus den spanischen Wörtern Futból (vom englischen Wort „football") und salón oder auch sala (Halle). Futsal heißt also Hallenfußball.

3 **Woher kommt Futsal?** Futsal kommt aus Uruguay in Südamerika. Dort hat ein Lehrer vor etwa 90 Jahren das Spiel für seine Schüler erfunden.

4 **Wie spielt man Futsal?** Zwei Mannschaften mit je fünf Spielern, vier Feldspieler und ein Torwart, spielen gegeneinander. Jugendliche spielen in zwei Halbzeiten: zweimal 10 Minuten. Der Ball springt nicht so gut wie ein normaler Fußball. Fouls gegen Mitspieler sind nicht erlaubt. Deshalb ist Futsal ein faires Spiel.

5 **Wo spielt man Futsal?** Futsal spielt man in mehr als 100 Ländern. Bekannte Fußballer wie Ronaldo oder Pelé haben mit Futsal angefangen.

In welchem Abschnitt findest du diese Informationen?

- a Futsal ist ein Spiel aus Südamerika.
- b Das Wort „Futsal" besteht aus zwei Wörtern.
- c Man spielt Futsal in vielen Ländern. → AB 1
- d Futsal ist ein Mannschaftsspiel.
- e Futsal ist eine Art Hallenfußball.
- f Futsal ist fair.

3 Und jetzt du!

Stell deiner Partnerin / deinem Partner Fragen. Dann fragt sie / er. Du antwortest.

1. Hast du schon einmal etwas von Futsal gehört?
2. Wie findest du Hallenfußball?
3. Welche anderen Sportarten sind heute modern?
4. Bist du in einem Sportklub? → AB 2

4 Erstes Treffen der Futsal-Mannschaft

1/27 **a Hör die Szene. Wer spricht?**

der Sportlehrer ▪ Max Altmann ▪ Emil Stein ▪ Felix Moser ▪ Alexa Wiese ▪ zwei Mädchen aus der Klasse 8c

1/27 **b Hör noch einmal zu. Lies die Sätze. Was ist richtig? Was ist falsch?**

1. Alexa spielt besser als viele Jungen.
2. Max spielt genauso schlecht wie alle anderen.
3. Felix spielt schlechter als Max.
4. Max möchte nicht zusammen mit Felix spielen.

c Wie findest du Max? Ist er fair? Sprecht in der Klasse darüber.

→ AB 3-4

etwas vergleichen
Felix spielt schlechter als Max.
Felix spielt genauso gut wie die anderen.

5 Fitness-Training

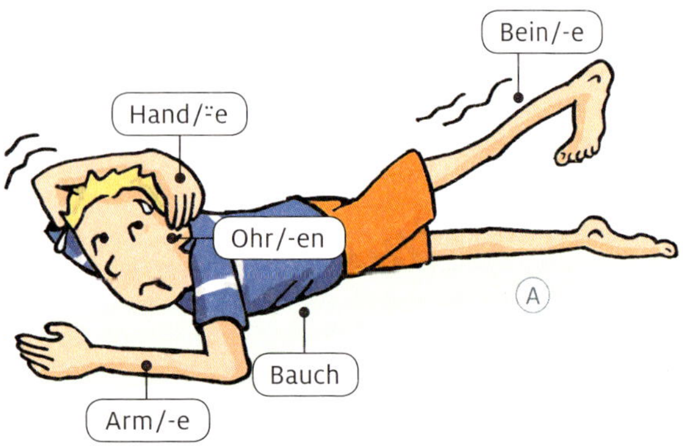

a Schau die Bilder an und lies die Wörter.

1/28 **b** Hör zu und zeig die Körperteile auf den Bildern mit.

1/29 **c** Hör die Wörter, zeig mit und sprich nach.

→ AB 5-6

Körperteile
Körper
Oberkörper
Kopf
Bauch
Rücken
Fuß/Füße
Arm/Arme
Hals
Mund
Bein/Beine
Auge/Augen
Ohr/Ohren
Gesicht
Hand/Hände
Nase

6 Platzwechselspiel

a Schreibt die Wörter aus **5** immer zweimal und in Artikelfarben auf Karten.

b So geht das Spiel: Schau im PluMa auf Seite 69 nach.

→ AB 5-6

7 Gymnastik-Rap

1 Wir wollen mal sehen, wer Gymnastik kann.
Die Arme fangen am besten gleich an.
Arme nach vorn und dann nach hinten,
nach oben, nach unten, nach rechts und nach links.
Also, gleich noch mal!

2 Wir wollen mal sehen, wie's weitergeht,
wer wirklich was von Gymnastik versteht.
Ein Bein nach vorn ...

1/30 **a** Hör zu und mach mit.

b Ergänze Strophe 2.

1/31 **c** Karaoke: Singt die Strophen zum Playback.

→ AB 5-6

1 Was ist los?

1. ▲ Alexa Wiese.
◆ Hallo Alexa, hier ist Laura.
▲ Hi, Laura.
◆ Was ist denn los? Du warst heute nicht in der Schule. Geht's ??? nicht gut?
▲ Nicht gut? ??? geht es furchtbar schlecht.

2. ◆ Was hast du denn? Tun deine Beine weh? War das Training zu anstrengend?
▲ Quatsch.

3. ◆ Was dann? Tut ??? etwas weh?
▲ ??? tut alles weh.
◆ Hast du Bauchschmerzen? Tut dein Kopf weh? Tut dein Hals weh?
▲ Ja, nein. Ich weiß nicht. Einfach alles. Ich habe auch Husten und Fieber. ??? ist heiß und kalt. Ich glaube, ich bekomme die Grippe.

4. ◆ Was? Du auch? Timo ist auch zu Hause. Es geht ihm nicht gut. Und Vera hat gesagt, ihr tut alles weh. Sie bleibt morgen auch zu Hause. Und dann sind da noch Eva, Lukas und Bastian. Ihnen geht es auch schon schlecht.
▲ O je, geht die Grippe um?
◆ Möglich. Na ja, ich wünsche ??? gute Besserung.

5. ▲ Warte mal, Laura. Kannst du ??? die Hausaufgaben bringen?
◆ Ja klar. Also, bis später.

1/32 **a** **Hör zu und lies mit.**

b **Ergänze:** ***mir – dir***

c **Lies den Dialog noch einmal. Zu welchen Abschnitten 1–5 passen die Sätze a–e?**

a Alexa möchte zu Hause lernen.
b Alexa ist heute zu Hause geblieben.
c Schon fünf Schüler sind krank.
d War das Training nicht gesund?
e Alexa hat vielleicht die Gripppe.

d **Lies die Sätze. Wie steht es im Dialog?**

1. Timo ist nicht in der Schule. Er ist wohl krank.
2. Vera hat Schmerzen. Sie möchte morgen nicht zur Schule gehen.
3. Drei Schüler sind vielleicht auch schon krank.

→ AB 1-2

Personalpronomen im Dativ

WIEDERHOLEN
Ich bin krank. →
Es geht **mir** nicht gut.
Bist **du** krank? →
Geht es **dir** nicht gut?

ERWEITERN
Er ist krank. →
Es geht ihm nicht gut.
Sie ist krank. →
Es geht ihr nicht gut.
Sie sind krank. →
Es geht ihnen nicht gut.

ich → mir
du → dir
er → ihm
sie → ihr
sie → ihnen

2 Lauras E-Mail an Felix

Von: Laura An: Felix Betreff: Alexa ist krank!

Hallo Felix,
ich habe mit Alexa telefoniert. Also, ??? (a) geht es richtig schlecht. Sie ist im Bett. Alles tut ??? (b) weh: ihr Bauch, ihre Ohren, ihr Hals, alles. Sie hat Husten und Fieber. Und ??? (c) ist heiß und kalt. Sie ist richtig erkältet. Und doch möchte sie Hausaufgaben machen. Ich gehe heute Nachmittag zu ??? (d) und bringe ??? (e) die Aufgaben. Vielleicht möchte Timo auch die Hausaufgaben haben, vor allem Mathe. Das ist doch sein Lieblingsfach. Kannst du ??? (f) die Aufgaben bringen? Du wohnst doch nicht weit von ??? (g). Na ja, vielleicht ist das doch keine gute Idee. Vielleicht tut sein Kopf weh. Dann kann er nicht lernen. Aber das siehst du ja dann. Eva, Lukas und Bastian sind wohl auch krank. Ich gehe dann morgen zu ??? (h).
Bis bald, Laura

→ AB 1-2 Ergänze: *ihr – ihm – ihnen*

3 Würfelspiel

a Schreibt Fragen und Antworten auf verschiedenfarbige Karten.

Wie geht es dir? – Mir geht es schlecht.

Hast du Kopfschmerzen? – Ja, mein Kopf tut weh.

Was tut dir weh? – Mir tut alles weh.

Hast du Fieber? – Nein, ich habe kein Fieber.

b So geht das Spiel: Schau im PluMa auf Seite 66 nach.

→ AB 3-4

über das Befinden sprechen
Ich bin krank/erkältet.
Ich habe die Grippe/Fieber/Husten ...
Mein Kopf/Hals/... tut weh.
Meine Ohren tun weh.
Mir tut alles weh.
Mir geht es schlecht/nicht gut.
Wie geht es dir/ihm/ihr?

Krankheiten
Grippe, Fieber, Husten, Kopf-/Hals-/...schmerzen

4 Felix schreibt an Alexa

Hi, Felix, danke, das ist nett. Mir geht es wirklich nicht gut. P

Hoffentlich wirst du schnell wieder gesund. Bald ist doch das Fußballturnier. I

Hallo, Alexa. Ich habe gehört, dir geht es nicht gut. Das tut mir leid. S

Du bist sicher bald fit. Wir brauchen dich in der Mannschaft! L

Ich weiß, ich möchte so gern mitspielen. E

Bis bald. Alles Gute und gute Besserung. R

Mal sehen. Tschau, Felix. Hoffentlich bis bald. E

→ AB 3-4 Ordne die Nachrichten. Was ist das Lösungswort?

5 Laute und Buchstaben: langes e, langes i

1/33 **a** Hör zu und sprich nach. Achte auf das lange *e* und *i*.

1/34 **b** Hör zu. Wo hörst du das Wort noch einmal? Bei 1, 2, 3 oder 4?

1/35 **c** Lies laut. Hör zu. Richtig? Wiederhole.

Wie geht es ihr? ▪ Sie hat wieder Fieber. ▪ Ihr Kopf tut weh. ▪
Sie möchte nicht fernsehen. ▪ Sie liest. ▪ Lest ihr auch?

→ AB 5

TIPP
Das lange **e** und das lange **i** kann man beim Hören schwer unterscheiden. Also genau hinhören:
Wir l**e**ben. ↔ Wir l**ie**ben.

6 Anruf beim Arzt

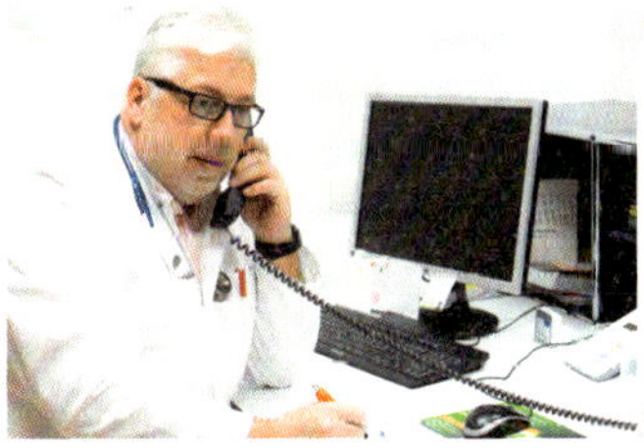

Dr. med. Thomas Bauer
praktischer Arzt
Mo. – Fr
8.30 – 12.00
15.00 – 18.00

1/36 **a** Hör den ersten Teil des Telefongesprächs. Wer spricht?

Frau Wiese, Alexas Mutter ▪ Alexa ▪ der Arzt Doktor Bauer ▪ die Arzthelferin

1/37 **b** Hör nun den zweiten Teil des Telefongesprächs und lies die Sätze. Was ist richtig? Was ist falsch?

1. Alexas Mutter ruft bei Doktor Bauer an.
2. Alexa kann zu Doktor Bauer kommen.
3. Alexa hat Halsschmerzen und keinen Appetit.
4. Ihr Kopf und ihre Ohren tun weh.
5. Doktor Bauer kommt um sechs Uhr.
6. Frau Wiese sagt: „Auf Wiederhören".

→ AB 6-7

WIEDERHOLEN
Possessivartikel
Sie hat Kopfschmerzen.
→ Ihr Kopf / Ihr Bein / Ihre Hand tut weh.
Ihre Ohren tun weh.

Er hat Kopfschmerzen.
→ Sein Kopf / Sein Bein / Seine Hand tut weh.
Seine Ohren tun weh.

7 Telefongespräch

a Lies die Sätze und ergänze: *sein – seine*.

1. Timos Mutter telefoniert mit Doktor Bauer.
2. Timo ist krank. ??? Ohren tun weh.
3. ??? Hals tut weh. Er kann nichts essen.
4. Er hat keinen Appetit. ??? Bauch tut weh.
5. ??? Kopf ist heiß. Er hat sicher Fieber.
6. Doktor Bauer kommt um halb acht zu Timo.

1/37 **b** Mach mit deiner Partnerin/deinem Partner das Telefongespräch zwischen Frau Wolf (Timos Mutter), und dem Arzt Doktor Bauer. Verwende die Informationen aus a.

Zu schwer? Dann hör noch einmal das Telefongespräch in 6b.

c Nehmt die Telefongespräche auf. Hört dann die Aufnahmen in der Klasse und verbessert, wenn nötig.

→ AB 6-7

8 Doktor Bauer kommt

▲ Guten Abend, Herr Doktor.
■ Hallo, Alexa. Na, wie geht's?
▲ Nicht so gut. Ich habe Husten, Kopfschmerzen, Ohrenschmerzen, und mein Hals tut weh.
■ Lass mal sehen. – Mund auf! Und aaah.
▲ Aaaah.
■ Aha. Du hast auch ??? (1), oder?
▲ Ja, 39,2.
■ Also, Alexa, du bist ziemlich ??? (2).
▲ Hoffentlich keine Grippe.
■ Noch nicht. Aber wir müssen vorsichtig sein. Ich schreibe dir ein ??? (3) auf. Das musst du zweimal am Tag nehmen. Es sind ??? (4). Und dann musst du noch einen ??? (5) einnehmen. Frau Wiese, hier ist das ??? (6). Und ... du musst im Bett bleiben.
▲ Im Bett? Wie lange denn?
■ Na ja, mindestens acht Tage.
▲ Was? Und das Fußballturnier nächste Woche?
■ Tut mir leid. Das geht nicht.

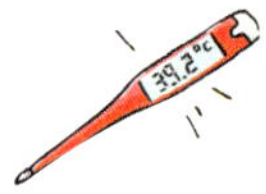

H Fieber

U erkältet

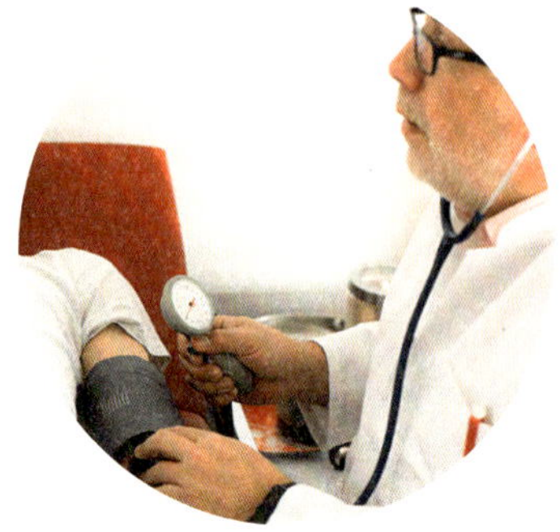

N Rezept

E Hustensaft

S Medikament

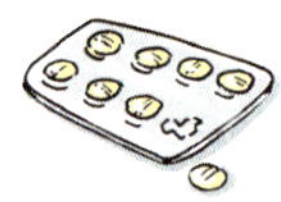
T Tabletten

Arztbesuch
Arzt
Rezept
Medikament/Medikamente
Tablette/Tabletten

1/38 **a** Hör zu und lies mit.

b Lies den Dialog noch einmal und ergänze die Wörter.
→ AB 8-9 Was ist das Lösungswort?

9 Alexas E-Mail an ihre Cousine Maja

Alexa ist traurig. Sie schickt ihrer Cousine Maja eine E-Mail und erzählt von dem Arztbesuch. Schreib die Mail. Verwende die Informationen aus dem Dialog in 8 und schreib auch Anrede (...)
→ AB 8-9 und Schluss (...).

...
Heute Abend war der Arzt da.
Ich habe Husten ...
Der Arzt hat ... geschrieben.
Ich muss ...
...

10 Rollenspiel

Du bist krank. Deine Freundin/Dein Freund besucht dich.
Spiel das Gespräch zusammen mit deiner Partnerin/deinem Partner.

Hallo, wie geht es dir denn?

→ AB 8-9

TIPP
Gestik und Mimik unterstützen das Sprechen und helfen dem Gesprächspartner zu verstehen.

1 Aus der Schülerzeitung „Extrablatt“

Extrablatt

• DIE SCHÜLERZEITUNG DER GOETHE-SCHULE •

Hi, liebe Leser!

Endlich! Das Futsal-Turnier der Rosenheimer Schulen findet statt.
Vielleicht verstehen nicht alle das Wort „Futsal“. Futsal ist eine Art Hallenfußball. Alles klar?
Von Dienstag bis Freitag haben schon spannende Futsal-Spiele in der Sporthalle Rosenheim stattgefunden. Leider hat unsere Mannschaft ein Problem: Alexa Wiese aus der 7b ist stark erkältet. Sie muss zu Hause im Bett bleiben. Schade! Sie ist unsere beste Spielerin. Wir wünschen auf diesem Weg: Gute Besserung!
Zum Glück haben wir Max Altmann. Er ist ein super Spieler! Im Halbfinale hat unsere Mannschaft aber vor der Pause nicht so gut gespielt. Der Spielstand gegen die Einstein-Schule war bis zur Pause 1:1. Nach der Pause hat Max dann in drei Minuten zwei Tore geschossen! Und so ist es bis zum Schluss geblieben. So hat unsere Mannschaft das Halbfinale gewonnen und das Finale erreicht. Sie spielt jetzt gegen die Mannschaft der Schiller-Schule.
Wir wünschen unserer Mannschaft alles Gute für das Endspiel.

Lies den Artikel und mach die Sätze richtig.

1. Von Dienstag bis Donnerstag haben spannende Spiele stattgefunden.
2. Die Spiele finden in der Futsal-Halle statt.
3. Unsere Mannschaft ist erkältet.
4. Unsere Mannschaft hat nach der Pause schlecht gespielt.
5. Der Spielstand war bis zur Pause 2:2.
6. Vor der Pause hat Max zwei Tore geschossen. → AB 1

Zeitangaben mit Dativ

vor / nach	dem Schluss dem Spiel der Pause
bis	zum Schluss zum Spiel zur Pause

von Dienstag bis Freitag

2 Laura und Bastian beim Finale

1/39 **a** **Hör den ersten Teil der Szene. Achte auf die Geräusche. Wie steht das Spiel für „unsere“ Mannschaft? Was glaubst du?**

1/40 **b** **Hör nun die Szene weiter. Lies die Sätze und ergänze.**

1. An vier Tagen, ??? ??? ??? ???, hat die Mannschaft toll gespielt.
2. Max hat vor ??? ??? noch kein Tor geschossen und ??? ??? ??? auch nicht.
3. Es sind nur noch drei Minuten ??? ??? ???. Da fällt Max hin. → AB 2-3

TIPP
Achte auf Geräusche. Dann kannst du besser verstehen, worum es geht.

3 Nach dem Unfall

1. ■ Na, Max, was ist denn ????
   ▼ Ich bin hingefallen. Ich glaube, ich habe mich am Fuß ???.
2. ■ Aha. Lass mal ???. Tut es hier ????
   ▼ Aua, ja!
   ■ Aha. Ich muss deinen ??? noch genau ansehen.
3. ▼ Kann ich dann ??? zum Fußballturnier? Es ist doch das Finale.
   ■ Nein, das ist leider nicht ???. Wir müssen ins Krankenhaus. Das muss ein Arzt untersuchen.
   ▼ So ein Mist!

a **Lies den Dialog und ordne die Bilder.**

b **Lies den Dialog noch einmal und ergänze diese Wörter:**

verletzt ▪ weh ▪ möglich ▪ passiert ▪ sehen ▪ Fuß ▪ zurück

1/41 **c** **Hör den Dialog zur Kontrolle.**

→ AB 4

4 Telefongespräche

▼ Hallo, Alexa. Hier ist Max.
▲ Hallo, Max. Warum rufst du mich an? Ist das Spiel schon zu Ende?
▼ Ich weiß nicht. Ich rufe dich an, weil ich im Krankenhaus bin.
▲ Im Krankenhaus? Aber warum denn?
▼ Ich habe mich verletzt.
▲ Wie bitte? Warum?
▼ Weil ich mich verletzt habe.
▲ O je, das tut mir leid. Aber was ist jetzt mit dem Spiel?
▼ Ich weiß nicht.

1/42 **a** **Hör zu und lies mit.**

b **Max ruft noch andere Leute an. Macht die Telefongespräche.**

seinen Cousin Linus Wolf Ich bin hingefallen und habe mich verletzt.
seine Tante Vera Karsten Ich bin hingefallen und habe mir wehgetan.

1/43 **c** **Hört die Telefongespräche zur Kontrolle.**

→ AB 5-7

Nebensatz mit *weil*

Hauptsatz
Ich habe mich verletzt. →

Nebensatz
Weil ich mich verletzt habe.

Ich rufe dich an,
weil ich im Krankenhaus bin.

5 Zwei-Karten-Spiel

a **Schreibt *Warum*-Fragen und passende *Weil*-Antworten auf verschiedenfarbige Karten.**

b **So geht das Spiel: Schau im PluMa auf Seite 70 nach.**

→ AB 5-7

etwas begründen

- ■ Warum bist du zu Hause?
- ● Weil ich krank bin.

6 Das Finale – eine Reportage

1/44 **a** Hör zu und schau die Bilder an. Ordne die Bilder. Was ist das Lösungswort?

1/44 **b** Hör noch einmal zu. Lies die Sätze. Was ist richtig? Was ist falsch?

1. Max Altmann ist nicht verletzt.
2. Felix Moser kommt ins Spiel.
3. Roman Well läuft zum Tor.
4. Der Torwart der Schiller-Schule heißt Emil Stein.
5. In der letzten Minute fällt ein Tor.
6. Am Ende steht es 0:0.

→ AB 8

7 Fußball-Fragespiel

a Schreibt in Gruppen Fragen zu der Reportage in 6.

b Immer zwei Gruppen haben einen Spielplan und spielen gegeneinander. So geht das Spiel: Schau im PluMa auf S. 71 nach.

→ AB 8

8 Max schickt eine Nachricht an Felix

- I Du hast ein Tor geschossen.
- L Herzlichen Glückwunsch und Danke.
- N Und wir haben gewonnen.
- F Ich habe es im Internet-Radio gehört:
- A Du kannst ja richtig gut Fußball spielen.
- E Und … Entschuldigung.

…
Ich habe es im Internet-Radio gehört:
…

a Lies die Sätze und bring sie in die richtige Reihenfolge. Was ist das Lösungswort?

b Schreib die Nachricht an Felix. Schreib auch Anrede (…) und Schluss (…).

→ AB 8

1 Lesen: ein Interview

Andreas wohnt in Weerberg, einem Dorf in Tirol. Das ist in Österreich. Andreas ist vierzehn Jahre alt. Sein Vater war ein bekannter Marathonläufer. Auch Andreas ist sehr sportlich. Er kann sehr schnell laufen. Er hat sogar schon die Alpen-Trophy für Jugendliche gewonnen. Aber sein Lieblingshobby ist Fußball. Er spielt bei einem Fußball-Klub, dem SV Weerberg.

Reporter: Andreas, wann hast du mit dem Fußballspielen angefangen?
Andreas: Das weiß ich nicht mehr so genau. Ich war noch sehr klein. Fußball hat mir schon immer Spaß gemacht.
Reporter: Und jetzt spielst du beim SVW. Du spielst wohl sehr gut.
Andreas: Na ja, es geht.
Reporter: Ein Verein aus der oberen Liga hat schon Interesse an dir gezeigt. Stimmt das?
Andreas: Ja. Aber der ist so weit weg. Das möchten meine Eltern nicht. Dazu bin ich noch zu jung, sagen sie.
Reporter: Möchtest du einmal Profi-Fußballer werden?
Andreas: Ja klar! Vielleicht schaffe ich es ja.
Reporter: Wir wünschen dir alles Gute, Andreas.

a **Lies das Interview.**

b **Schau die Bilder an und beantworte die Fragen. Die Bilder helfen dir.**

1. Wo wohnt Andreas? Zeig den Ort auf der Karte.

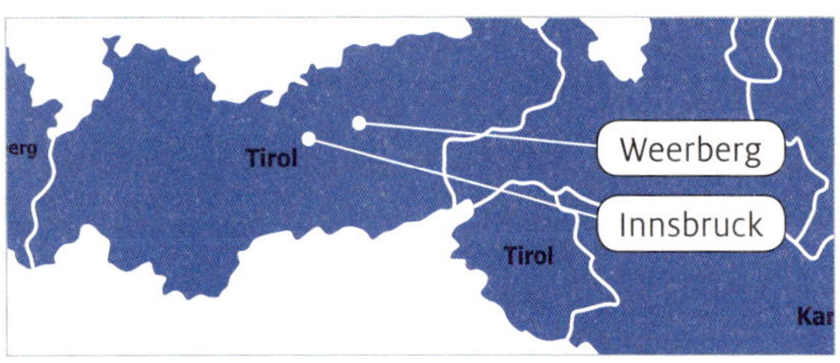

2. Was hat Andreas schon gewonnen?

a

b

3. Welchen Sport macht sein Vater?

a

b

4. Bei welchem Verein spielt Andreas?

a

b

5. Wann hat Andreas mit dem Fußballspielen angefangen?

a

b

6. Was möchte Andreas einmal werden?

a

b

2 Statistik: Jugendsport in Deutschland

a **Schau die Statistik an. Stell deiner Partnerin/deinem Partner Fragen.**

Welchen Sport machen deutsche Jungen/Mädchen am liebsten?
Wie viele Jungen/Mädchen gehen in Deutschland in einen Fußballverein, in einen Tennisklub, ...?
Gehen mehr Jungen oder mehr Mädchen in einen Fußballverein/Tennisklub/...?
Welche Sportart machen die Jugendlichen lieber als Tennis/Reiten/...?

b **Macht eine Statistik für eure Schule.**
Macht eine Umfrage in anderen Klassen.

3 Projekt: Sport bei uns

a **Beantworte die Fragen.**

Welchen Sport machen die Jugendlichen in deinem Land am liebsten?
Welche Sportvereine gibt es bei euch?

b **Macht gemeinsam ein Plakat zum Thema „Sport und Sportvereine" in deinem Land. Schneidet Bilder aus und beschriftet sie auf Deutsch.**

Das kann ich schon

Kommunikation

etwas vergleichen	Felix spielt schlechter als Max. ▪ Felix spielt genauso gut wie die anderen.
über das Befinden sprechen	Ich bin krank/erkältet. ▪ Ich habe die Grippe/Fieber/Husten/Halsschmerzen/... ▪ Mein Kopf/Hals/... tut weh. ▪ Meine Ohren tun weh. ▪ Mir tut alles weh. ▪ Mir geht es schlecht/nicht gut. ▪ Wie geht es dir/ihm/ihr?
etwas begründen	Warum bist du zu Hause? ▪ Weil ich krank bin.

Grammatik

1 Personalpronomen im Dativ

Er ist krank.	→	Es geht ihm nicht gut.
Es (das Kind) ist krank.	→	Es geht ihm nicht gut.
Sie ist krank.	→	Es geht ihr nicht gut.
Sie sind krank.	→	Es geht ihnen nicht gut.

2 Zeitangaben mit Dativ

vor/nach + *Dativ*	
vor/nach	dem Schluss
	dem Spiel
	der Pause

bis zu + *Dativ*	
Wir warten ...	bis zum Schluss
	bis zum Spiel
	bis zur Pause

von ... bis + *Wochentage*
Von Dienstag **bis** Freitag haben spannende Spiele stattgefunden.

3 Nebensatz mit *weil*

Hauptsatz	*Nebensatz*
Ich habe mich verletzt. →	**Weil** ich mich verletzt habe.
Ich rufe dich an,	**weil** ich im Krankenhaus bin.

11

Schau die Bilder an.
Worum geht es? Sprich darüber.

Geschichte: Daria aus Italien

Willkommen

Das lernst du:

- im Restaurant bestellen
- Überraschung/Erstaunen ausdrücken
- einen Vorschlag machen
- eine Verabredung treffen

- Essen und Trinken
- in der Schule
- Familie
- in der Stadt

- negative Satzfrage
- Indefinitpronomen
- Partizip Perfekt von trennbaren Verben
- Personalpronomen im Akkusativ
- Nebensatz mit *dass*
- Ortsangaben mit Dativ

31 Unser Gast aus Italien

1 Daria kommt

A

B

C

D

E

F

2/02 **a** **Hör zu und schau die Bilder an. Bring die Bilder in die richtige Reihenfolge.**

2/02 **b** **Hör noch einmal zu. Dann lies die Fragen und Antworten. Was passt zusammen? Was ist das Lösungswort?**

1. Hatte der Zug keine Verspätung?
2. Wohnt Familie Pilz nicht in München?
3. War die Fahrt nicht langweilig?
4. Hatte Daria keine Angst?
5. Fährt Daria nie allein mit dem Zug?
6. War bis München niemand dabei, Freunde oder so?
7. Hat Daria nichts mitgebracht?

A Doch, sie war sehr langweilig.
I Doch, sie fährt immer allein.
L Nein, sie hatte keine Angst.
E Doch, da war jemand dabei, eine Bekannte.
I Doch, der Zug hatte Verspätung.
N Doch, sie hat etwas mitgebracht.
T Nein, sie wohnt in Köln.

2/03 **c** **Beantworte die Fragen mit *doch* oder *nein*. Hör dann Frage und Antwort zur Kontrolle.**

1. Sie kommen spät. Ist nichts passiert?
2. War von München bis Köln niemand dabei?
3. Darf Nina nie allein fahren?
4. Heißt Ninas Bruder nicht Tobias?
5. Hat Familie Pilz keine Haustiere?
6. Spricht Daria nicht gut Deutsch?

→ AB 1-2

negative Satzfrage
- Wohnt Nina **nicht** in Köln?
- **Doch.**

- Hatte Daria **keine** Angst?
- **Nein.**

2 Viele Fragen

Hallo Nina. Ist sie schon da? F

Ist sie allein oder ist ??? dabei? E

Hallo Oskar. Ja, Daria ist da. R

Wie bitte? Sie hat dir ??? mitgebracht. So ein Quatsch. D

Nein, da ist ??? dabei. U

Hat sie vielleicht ??? mitgebracht? Für deine Freunde zum Beispiel? N

Indefinitpronomen
etwas ↔ nichts
jemand ↔ niemand

a Ordne die Nachrichten. Was ist das Lösungswort?

b Ergänze: *etwas – nichts*, *jemand – niemand*

→ AB 3

3 Am Sonntag

Vater: Also, wir fahren zum Mittagessen in die Stadt. Ich lade euch ein.
Mutter: Halt! Wer kommt denn da?
Nina: Das sind ja Elli und Julian. Hallo Elli.
Mutter: Du möchtest wohl unseren Gast aus Italien ??? (1).
Nina: Also Elli, das ist Daria. – Daria, das ist Elli. Nun hast du meine beste Freundin ??? (2). Und das ist …
Julian: … Julian. Äähh, Elli hat gesagt, ich muss ??? (3). Also bin ich ??? (4).
Elli: Wann ist Daria denn ??? (5)?
Nina: Gestern Abend.
Daria: Nina und ihr Vater haben mich ??? (6).
Vater: Klar, wir holen immer unsere Gäste ab.
Elli: Hey, Daria spricht aber gut Deutsch.
Mutter: Was machen wir denn jetzt mit euch?
Vater: Wir müssen sie wohl zum Essen ??? (7).
Elli: Oh, danke.
Nina: Da kommt ja auch Oskar!
Oskar: Buenos dias! Ich begrüße deinen Gast aus Italien.
Daria: Wie bitte? Ich glaube „buenos dias" ist Spanisch, aber sicher nicht Italienisch.
Oskar: Na egal. Ich bin Oskar.
Daria: Der ist aber komisch, oder?
Mutter: Wir müssen wohl Oskar auch ??? (8).
Nina: Also los. Papa hat uns alle ??? (9).

a Lies das Gespräch und beantworte die Fragen.

1. Wohin will die Familie fahren?
2. Wie heißt Ninas beste Freundin?
3. Wie findet Daria Oskar?
4. Wer kommt mit zum Mittagessen?

b Ergänze den Infinitiv oder das Partizip Perfekt.

kennenlernen – kennengelernt ▪ mitkommen – mitgekommen ▪ ankommen – angekommen ▪ abholen – abgeholt ▪ mitnehmen – mitgenommen ▪ einladen – eingeladen

Partizip Perfekt von trennbaren Verben
einladen → ein ge laden
abholen → ab ge holt

2/04 **c** Hör das Gespräch zur Kontrolle und lies mit.

→ AB 4-5

4 Im Restaurant

* SPEISEKARTE *

* SUPPEN	
Nudelsuppe	3.90
Tomatensuppe	4.20

* HAUPTGERICHTE	
Schnitzel mit Kartoffelsalat	9,50
Eisbein mit Sauerkraut	10.80
Spaghetti Bolognese	6.60
Hähnchen mit Pommes frites	7.90
Gulasch mit Nudeln	8.70

* VEGETARISCHE GERICHTE	
Gemüsereis mit Salat	6.20
Spinat mit Spiegelei und Salzkartoffeln	6.50

* FISCHGERICHTE	
Backfisch Nordsee-Art	8.90
Fisch vom Grill mit Gartengemüse	12.40

* SALATE	
Gemischter Salat	4.50
Tomatensalat	3.10
Bohnensalat	3.10

* FÜR DEN KLEINEN HUNGER	
Bratwurst mit Sauerkraut	5.10
Hamburger mit Pommes	4.60

* NACHSPEISEN	
Birne Helene	3.20
Zitronen-Sorbet	3.50
Omas Buttercremetorte	4.30
Gemischtes Eis mit Sahne	4.20

* ALKOHOLFREIE GETRÄNKE	
Mineralwasser	1,80
Cola/Limonade	2,50
Apfelsaft/Orangensaft	2,90

a Lies die Speisekarte. Was verstehst du?

2/05 **b** Schau die Bilder an. Hör zu und lies mit.

Nudeln

Reis

Pommes frites

Tomate

Bohne

Hamburger

Hähnchen

Birne

Orange

Zitrone

Butter

Creme

Torte

Salz

Getränke

c Lies die Speisekarte noch einmal.
Wo kommen die Wörter aus b vor?

d Frag deine Partnerin/deinen Partner.

Welches Gericht kostet vier Euro 60?
Was kostet der Gemüsereis?
...

→ AB 6

Essen und Trinken
Reis
Hamburger
Hähnchen
Gericht/Gerichte
Getränk/Getränke
Salz
Tomate/Tomaten
Bohne/Bohnen
Birne/Birnen
Orange/Orangen
Zitrone/Zitronen
Butter
Creme
Torte/Torten
Nudeln
Pommes frites

TIPP
Sprich neue Wörter laut und stell dir ein Bild dazu vor.

5 Und jetzt du!

Kennst du deutsche Gerichte? Welche?
Hast du schon einmal ein deutsches Gericht gegessen? Welches?
Möchtest du einmal ein deutsches Gericht essen?
Gibt es bei euch ähnliche Gerichte wie in der Speisekarte von 4?

→ AB 6 **Frag deine Partnerin/deinen Partner.**

6 Im Restaurant: Wer nimmt was?

2/06 **a** **Hör zu und such die Gerichte auf der Speisekarte in 4.**

2/06 **b** **Hör noch einmal zu. Wer möchte was essen und trinken?**
→ AB 6 **Mach Notizen.** Name: ..., Gericht: ..., Getränk: ...

7 Herr Ober!

Vater:	Herr Ober! Wir möchten bestellen. Ich nehme ??? (1). Und dann ??? (2).
Mutter:	Und ich möchte ??? (3). Und zum Trinken für uns eine Flasche Wasser, bitte.
Nina:	Für mich bitte ??? (4).
Elli:	Das nehme ??? (5).
Julian/Oskar:	Für uns Hamburger und ??? (6), bitte.
Mutter:	Also zweimal ??? (7) und zweimal ??? (8).
Daria:	Und ich nehme ??? (9).
Mutter:	Und für euch ??? (10) Portionen ??? (11).

2/06 **a** **Mach das Gespräch. Hör dazu noch einmal das Gespräch von 6 und lies deine Notizen.**

2/07 **b** **Hört das Gespräch von 7 zur Kontrolle.**
→ AB 7-8

im Restaurant bestellen
Wir möchten bestellen.
Ich möchte/nehme ...
Und dann ...
Einmal/Zweimal ...
Zum Essen/Zum Trinken ...
Ein Glas/eine Flasche/eine Portion ...
Für mich/uns ...

Personalpronomen im Akkusativ
WIEDERHOLEN
ich → **mich**
du → **dich**

ERWEITERN
wir → **uns**
ihr → **euch**

8 E-Mail an Oma

Am Abend schreibt Daria eine E-Mail an ihre Oma, auf Deutsch. Schreib die Mail. Lies noch einmal die Aufgaben 1, 3 und 4.

Verwende diese Wörter im Perfekt:

ankommen ▪ abholen ▪ kennenlernen ▪ zum Essen gehen ▪
→ AB 9 mitkommen ▪ einladen ▪ Bratwurst essen ▪ schmecken

Hallo Oma,
gestern bin ich spät ...
Der Zug hatte ...
Herr Pilz und Nina ... mich ...
Nina und ihre Eltern ... nett.
Heute ...

Besuch in der Schule

1 Unsere Schule

2/08-14 **a** Hör die Szenen 1–7 und zeig auf dem Plan der Schule mit.

2/15 **b** Hör zu und zeig die Schulräume mit.

2/08-14 **c** Hör die Szenen noch einmal. Beantworte dann die Fragen.

1. Welche Personen sprechen in den Szenen?
2. Wo sind die Schüler in den Szenen 3 und 6?
3. Welches Fach haben die Schüler in den Szenen 3 und 4? → AB 1

in der Schule
Physikraum
Chemieraum
Musikraum
Werkraum
Büro
Sekretariat
Klassenzimmer
Sporthalle

2 Rundgang durch die Schule

◆ Komm, Daria. Ich zeige dir unsere Schule.
Also, hier im Erdgeschoss ist das Sekretariat. (1)
Dann kommt das Büro von Herrn Hutter. (2)
Und das Lehrerzimmer.
Da hinten sind Chemieraum und Physikraum.
Jetzt gehen wir in den Keller.
Das da ist der Werkraum. (3)
Hier ist die Schülerredaktion. (4)
Und, ganz wichtig, der Musikraum. (5)

a Herr Hutter ist unser Direktor.
b Da übt unsere Schulband.
c Hier arbeitet unsere Sekretärin.
d Da kann man basteln und so.
e Da macht eine Gruppe die Schülerzeitung.

a Lies Ninas **Erklärung** links und zeig auf dem Plan von 1 mit.

2/16 **b** Nun lies die Sätze a–e rechts. Wohin gehören die Sätze in der **Erklärung**? Schreib zusammen mit deiner Partnerin/deinem Partner den ganzen Text auf. Hört dann den Text zur Kontrolle. → AB 1

3 In der Redaktion der Schülerzeitung

UNSER GAST AUS ITALIEN

Wir haben einen Gast an unserer Schule. Sie heißt Daria Mattivi. Sie ist vierzehn Jahre alt und kommt aus Verona. Das ist in Italien. Daria kann schon ganz gut Deutsch. Ihre Großmutter ist nämlich aus Deutschland. Sie spricht immer Deutsch mit ihren Enkeln. Und ihre Mutter spricht auch Deutsch mit ihr. Darias Großvater und ihr Vater sind Italiener. Daria hat Nina aus der 7b über ein europäisches Jugendprogramm kennengelernt.
Sie haben oft gemailt. Und dann hat Nina sie eingeladen.

a Lies den Anfang des Artikels in der Schülerzeitung.
Stell deiner Partnerin/deinem Partner Fragen mit
Wer? Wie? Woher? Warum?

2/17 **b** Hör den ersten Teil des Interviews, das der Reporter vorher mit Daria gemacht hat. Nun lies noch einmal den Artikel. Findest du den Fehler?

→ AB 2-3

4 Darias Interview

2/18 **a** Hör den zweiten Teil des Interviews.
Lies dann Darias Aussagen und ordne sie.

A. Daria erzählt,
dass sie gerade Ferien hat.
dass sie die Ferien hier in Köln bei Nina verbringen darf.

B. Sie sagt,
dass sie nur noch Verwandte in Argentinien hat,
nicht mehr in Deutschland.
dass ihr Onkel Marco eine Argentinierin geheiratet hat,
dass sie in Argentinien leben,
dass sie einen Sohn und eine Tochter haben.

C. Sie sagt,
dass Argentinien toll war,
aber dass ihr Deutschland noch besser gefällt.

D. Sie berichtet,
dass sie schon mal in Argentinien war,
dass ihre Cousine geheiratet hat,
und dass sie und ihre Eltern zur Hochzeit eingeladen waren.

b Schreib den Artikel für die Schülerzeitung weiter.
Mach Hauptsätze aus den Nebensätzen mit *dass*.

Daria hat gerade Ferien.
Sie darf ...

→ AB 2-4

Nebensatz mit *dass*

Daria hat Ferien. →
Daria erzählt,
dass sie Ferien hat.

Argentinien war toll. →
Sie sagt,
dass Argentinien toll war.

Familie

Verwandte
Sohn ↔ Tochter
Enkel ↔ Enkelin

5 Arbeitsgruppe „Rockmusik“

Was machen wir am Montag?

Was machen wir am Montag?
Am Montag? Am Montag?
Wir gehen in die Schule,
wie immer am Montag.
Wir haben Mathe und Physik,
Englisch und Musik,
Geschichte und dann Kunst.

Ja, ja, das weiß ich doch!
Was machen wir denn noch?
Ach so, du meinst nachher.
Ja, das ist doch klar.
Wir gehen ins Kino.
Oh, das wird ein super Tag!
Wir treffen uns um vier – bei mir.

2/19 **a** Hör zu und lies die Liedstrophe mit.

b Mach weitere Strophen mit deinem Stundenplan.

→ AB 5

6 Die Band

Nina: Daria, darf ich vorstellen? Unsere Band.
Daria: Nina, du bist die Sängerin? Wirklich? Und Oskar ist der Sänger? Na, so was! Nina, du hast mir gar nicht gesagt, dass du ??? (1). Und dass Oskar ??? (2).
Nina: Na ja. Das ist ja nicht so wichtig.
Daria: Doch, das finde ich sehr wichtig! Und so viele Instrumente, sogar eine Marimba! Darf ich?
Nina: Kannst du denn Marimba spielen?
Daria: Ja, ein wenig.
Nina/Julian: Super!
Daria: He, Julian. Was machst du denn hier?
Julian: Na ja. Ich habe das Lied geschrieben, die Musik, und den Text auch.
Daria: Julian, du hast mir gar nicht gesagt, dass ??? (3). Das ist ja toll!

a Lies das Gespräch und ergänze die Sätze.

2/20 **b** Hör das Gespräch zur Kontrolle.

2/21 **c** Karaoke: Singt die Liedstrophe aus 5 und eure Strophen zum Playback.

→ AB 6

Überraschung/ Erstaunen ausdrücken
Wirklich?
Na, so was!
Das ist ja toll!
Du hast mir gar nicht gesagt, dass ...

TIPP
Lern Ausdrücke im ganzen Satz. Dann kannst du sie besser behalten.

1 Sehenswürdigkeiten in Köln

a Schau die Bilder an und lies die Aussagen. Was passt zusammen? Eine Aussage passt nicht. Was ist das Lösungswort?

I Köln ist eine sehr alte Stadt. Findest du Geschichte interessant? Dann können wir ins Römisch-Germanische Museum gehen. Das Museum ist berühmt.

H Der Rhein ist der längste Fluss in Deutschland. Da machen wir mal eine Fahrt mit dem Schiff. Dann siehst du die sieben Brücken.

A Möchtest du einmal in ein Einkaufszentrum gehen? Du gehst doch sicher gern shoppen.

R Wir müssen unbedingt einen Spaziergang in der Altstadt machen. Die Altstadt ist direkt im Zentrum.

N Und natürlich müssen wir den Kölner Dom besichtigen. Er ist circa 700 Jahre alt und 157 Meter hoch. Diese Kirche ist in der ganzen Welt bekannt.

E Das Kölner Rathaus ist wahrscheinlich das älteste Rathaus in Deutschland. Das muss man sehen.

2/22 **b** Hör zu und lies die Aussagen mit. Wer macht welchen Vorschlag?

Elli: H und ...
Nina:

c Lies noch einmal die Aussagen. Was möchtest du in Köln sehen?

→ AB 1

in der Stadt
Rathaus
Museum/Museen
Zentrum/Zentren
Einkaufszentrum/Einkaufszentren
Kirche/Kirchen
Brücke/Brücken
Altstadt

2 Und jetzt du!

Du bekommst Besuch. Welche Sehenswürdigkeiten gibt es in deiner Stadt/in deinem Ort? Was schlägst du vor?

Bei uns gibt es ...

Möchtest du einmal ...?

Da machen/ gehen wir mal ...

Dann können wir ...

Gehst du gern ...?

→ AB 2

einen Vorschlag machen
Möchtest du einmal ...?
Gehst du gern ...?
Findest du ... interessant?
Dann/Vielleicht können wir (mal) ...
Da machen/gehen wir mal ...
Natürlich müssen wir ...

3 Verabredung

2/23 **a** **Hör zu und schau das Bild an. Worum geht es in dem Gespräch?**

2/23-24 **b** **Hör noch einmal zu. Was sagen die Freunde? Ergänze die Sätze. Hör dann die Sätze zur Kontrolle.**

Was machen wir ??? (1)? ▪ Wir treffen uns in der ??? (2). ▪ ??? (3) wir umsteigen? ▪ Die Bahn fährt erst oben und dann ??? (4). ▪ Wir treffen uns am ??? (5). ▪ Dann müssen wir zu ??? (6) vom Bahnhof zur Altstadt gehen.

2/25 **c** **Beantworte die Fragen. Hör dann die Antworten zur Kontrolle.**

1. Sind die Freunde am nächsten Tag in der Stadt oder zu Hause?
2. Kommt Julian um zwei oder um halb zwei von der Schule?
3. Fährt Oskar mit dem Bus oder mit der Straßenbahn?
4. Müssen Nina und Daria umsteigen oder können sie mit der U-Bahn zum Bahnhof fahren?
5. Ist der Treffpunkt an der Kreuzung Komödienstraße und Marzellenstraße bei der Ampel oder am Rhein?
6. Müssen die Freunde zu Fuß vom Bahnhof zur Altstadt gehen oder können sie mit der U-Bahn fahren?
7. Ist es von der Altstadt zum Rhein nah oder weit?

→ AB 3-7

eine Verabredung treffen
Was machen wir morgen?
Wir treffen uns ...
Wann und wo?

in der Stadt
Ampel/Ampeln
Straßenbahn/Straßenbahnen
Kreuzung/Kreuzungen
U-Bahn/U-Bahnen

Ortsangaben mit Dativ
WIEDERHOLEN
Wir treffen uns ...
am Bahnhof.
in der Stadt.
an der Kreuzung.

ERWEITERN
Wir gehen vom Rathaus zur Altstadt.

vom Bahnhof
vom Rathaus
von der Schule

zum Rhein
zum Museum
zur Altstadt

4 Kettenspiel

Mach den Satz immer länger. Vorsicht: *vom/von der → zum/zur*

● Ich gehe vom Bahnhof zur Schule.
■ Ich gehe vom Bahnhof zur Schule, und dann von der Schule zum Rathaus.
▼ Ich gehe vom Bahnhof zur Schule, dann von der Schule zum Rathaus, und dann vom Rathaus ...

→ AB 3-7

5 Laute und Buchstaben: lange Vokale vor h

2/26 **a** **Hör zu, lies mit und sprich nach.**

Bahnhof, Straßenbahn ▪ mitnehmen, Lehrer ▪ ihr, ihn ▪ Sohn, wohnen ▪ Uhr, Schuh ▪ Hähnchen, Zähne ▪ berühmt, früh

2/27 **b** **Lies laut. Dann hör zu. Richtig? Wiederhole.**

Sie fahren mit der U-Bahn. ▪ Isst du gern Hähnchen mit Bohnen?
Ich habe im Frühling Geburtstag. ▪ Ich möchte Ohrringe und eine Uhr.

→ AB 8

So sprichst du Vokale vor h:
Vokale vor **h** spricht man lang.

6 Im Eiscafé

Teil 1:

Elli: Ach, ich bin so müde.
Oskar: Hab dich doch nicht so!
Elli: Na hör mal! Erst haben wir den Dom ??? (1). Dann sind wir in der Altstadt spazieren ??? (2). Dann sind wir zum Rhein ??? (3).
Nina: Und jetzt haben wir uns ??? (4) und Eis ??? (5).
Daria: Und es hat gut ??? (6).
Oskar: Aber wir haben nichts ??? (7).

Teil 2:

Nina: Und was machen wir jetzt?
Oskar: Wir gehen in ein Einkaufszentrum.
Julian: Na ja, ich möchte gern ins Museum.
Nina: Gut. Wir stimmen ab. Wer ist für das Einkaufszentrum? – Elli und Oskar. Und für das Museum? – Julian und ich. Und was ist mit dir, Daria?
Daria: Ich will auch ins Museum, wie Julian.
Nina: Drei zu zwei. Also, Museum!
Oskar: Ich komme nicht mit.
Daria: Warum denn nicht?
Oskar: Du hast doch Julian.
Nina: Dann eben nicht.

2/28 **a** **Ergänze den ersten Teil des Gesprächs. Hör dann das Gespräch zur Kontrolle.**

Zu schwer? Dann hör zuerst Teil 1.

ausgeruht ▪ gegangen ▪ gelaufen ▪ besichtigt ▪ eingekauft ▪ geschmeckt ▪ gegessen

2/29 **b** **Hör den zweiten Teil des Gesprächs. Lies dann die Sätze. Was ist richtig?**

a Daria will ins Einkaufszentrum. b Julian möchte ins Museum. c Oskar geht mit.

c **Warum geht Oskar nicht mit ins Museum? Sprecht in der Klasse darüber.**

→ AB 9

7 Das Handy ist weg

2/30 **Hör zu und bring die Bilder in die richtige Reihenfolge.**

→ AB 9

Zum Schluss

1 Comino verstehen

Hannes: ollaH onimoC.
Comino: ollaH sennaH, ollah aluaP.
Paula: Sag mal, Comino, gibt es bei euch eine Schülerband?
Comino: saW tgas eis?
Hannes: tbiG se ieb hcue enie dnabrelühcS?
Comino: hcilrütaN tbig se enie dnabrelühcS. saD dnis shces etueL. dnU hci eleips tim.
Paula: Was sagt er?
Hannes: Natürlich ??? ??? ??? ???. Das ??? ??? ???. Und ??? ??? ???.
Paula: Tatsächlich? Welches Instrument spielt er denn?
Hannes: sehcleW tnemurtsnI tsleips ud nned?
Comino: hcI eleips erratigleffÖL.
Paula: Was sagt er?
Hannes: Er sagt, dass ??? ??? ??? .
Paula: Hä? Löffelgitarre? Was ist das denn?
Hannes: saW tsi enie erratigleffÖL?
Comino: hcI eleips tim menie leffÖL fua red erratiG.

Hannes: ??? ??? ??? ??? ??? ??? ??? ???.
Paula: Komisch. Was spielen die anderen?
Hannes: saW neleips eid neredna?
Comino: eiD neredna neleips reivalkrelleT.
Hannes: ??? ??? ??? ???.
Paula: Wie bitte? Was ist ein Tellerklavier?
Hannes: saW tsi nie reivalkrelleT?
Comino: saD reivalK theis sua eiw nie relleT, reba reßörg. aD nebah fnüf etueL ztalP.
Hannes: ??? ??? ??? ??? ??? ...

a **Lies den Text. Verstehst du noch Cartoonisch?**

b **Was sagt Hannes? Ergänze.**

2 Landeskunde-Quiz: Typisch deutsch?

Was ist richtig?
Lösungswort: Wie heißt die deutsche Hauptstadt?

1. In Deutschland isst man viel Brot.
Es gibt
- M 100 verschiedene Brote.
- H 200 verschiedene Brote.
- B 300 verschiedene Brote.

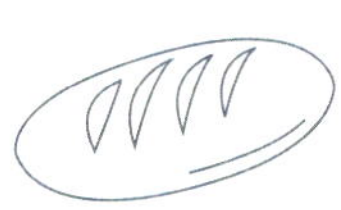

2. In Deutschland gibt es viele Haustiere.
In Berlin leben
- E 98 000 Hunde.
- A 120 000 Hunde.
- O 75 000 Hunde.

3. In vielen Städten gibt es im Dezember
- D einen Ostermarkt.
- R einen Weihnachtsmarkt.
- F einen Wintermarkt.

4. Deutsche Autos sind weltbekannt.
Die großen Fabriken stehen in
- K Stuttgart, Berlin und Salzburg.
- L Stuttgart, München, Wolfsburg.
- P Stuttgart, Wien, München.

5. Die Deutschen essen gern Spaghetti.
Jeder Deutsche isst im Durchschnitt
- I 7,4 Kilo Nudeln im Jahr.
- O 4,5 Kilo Nudeln im Jahr.
- U 3,4 Kilo Nudeln im Jahr.

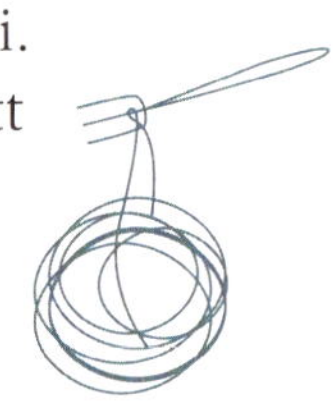

6. Die Deutschen sind Weltmeister
- K im Teetrinken.
- T im Radfahren.
- N im Reisen.

3 Projekt: „So ist es bei uns"

So ist es in Deutschland:

In Deutschland isst man viel Brot. Es gibt ...

In Deutschland gibt es viele Haustiere. In Berlin leben

So ist es bei uns:

Bei uns isst man (auch) ...

Bei uns gibt es ...

a Teilt ein Plakat in zwei Teile auf. Schreibt auf die linke Seite die richtigen Sätze aus dem Quiz von 2.
Vielleicht könnt ihr noch etwas ergänzen, zum Beispiel die Automarken.
Sucht Bilder und Fotos und klebt sie dazu.

b Ergänzt auf der rechten Seite die entsprechenden Informationen aus eurem Land.

4 Lesen: Ausländische Jugendliche in Deutschland

Sandra, 14 Jahre, aus Polen
Meiner Meinung nach sind die Sommerferien in Deutschland zu kurz. Aber mir gefällt, dass es so viele Spielplätze und Parks gibt. Man kann viel Zeit draußen an der frischen Luft verbringen.
(1)

Duc Ho, 14 Jahre, aus Vietnam
Mir gefällt in Deutschland, dass viele Städte so schön sind, und die Häuser so groß und hübsch. Es gibt viel Verkehr. Es gibt S-Bahn, U-Bahn und Straßenbahn, das finde ich gut! Aber es regnet zu viel in Deutschland.
(2)

José, 15 Jahre, Spanien
Zum Frühstück gibt es immer sehr viel zu essen: Schwarzbrot, Brötchen, Wurst, Käse, Ei, Marmelade und viel Butter. Das Schwarzbrot hat mir ganz gut geschmeckt, aber so viel Essen zum Frühstück! Das gibt es in Spanien nicht.
(3)

Pedro, 12 Jahre, aus Angola
Deutschland gefällt mir, weil die Leute nett sind. Die Schule mag ich am liebsten, weil mir der Unterricht Spaß macht.
(4)

a Lies die Texte. Welche Themen sprechen die Jugendlichen an?

a Schule	c Sport	e Wetter	g Haustiere
b Freizeit	d Verkehr	f Essen	h Stadt

b Lies die Texte noch einmal. Was finden die Jugendlichen in Deutschland gut? Was finden sie nicht gut?

c Und du? Was findest du in den Aussagen gut? Was findest du nicht gut? Was weißt du von Deutschland, Österreich und der Schweiz?

Das kann ich schon

Kommunikation

im Restaurant bestellen	Wir möchten bestellen. ▪ Ich möchte/nehme ... ▪ Und dann ... ▪ Einmal/Zweimal ... ▪ Zum Essen/Zum Trinken ... ▪ Ein Glas/eine Flasche/eine Portion ... ▪ Für mich/uns ...
Überraschung/ Erstaunen ausdrücken	Wirklich? ▪ Na, so was! ▪ Das ist ja toll! ▪ Du hast mir gar nicht gesagt, dass ...
einen Vorschlag machen	Möchtest du einmal ...? ▪ Gehst du gern ...? ▪ Findest du ... interessant? ▪ Dann/Vielleicht können wir (mal) ... ▪ Da machen/gehen wir mal ... ▪ Natürlich müssen wir ...
eine Verabredung treffen	Was machen wir morgen? ▪ Wir treffen uns ... ▪ Wann und wo?

Grammatik

1 Verb

Partizip Perfekt von trennbaren Verben	
ein✂laden → Ich habe dich eingeladen.	ab✂holen → Du hast Mia abgeholt.

2 Pronomen

Indefinitpronomen			
jemand ↔ niemand	Ist **jemand** dabei? Es ist **niemand** dabei.	etwas ↔ nichts	Hat Daria **etwas** mitgebracht? Sie hat **nichts** mitgebracht.

Personalpronomen im Akkusativ			
wir → für **uns**	Für **uns** eine Flasche Wasser.	ihr → für **euch**	Und für **euch** Cola und Limo.

3 Ortsangaben mit Dativ

Wir gehen ...	vom Bahnhof zum Rhein.	vom Rathaus zum Museum.	von der Brücke zur Haltestelle.

4 Satz

positive Satzfrage	*negative Satzfrage*
Hat Familie Pilz Haustiere? → **Ja**.	Hat Familie Pilz **keine** Haustiere? → **Doch**.
Wohnt Nina in München? → **Nein**.	Wohnt Nina **nicht** in München? → **Nein**.

Nebensatz mit dass	
Hauptsatz	*Nebensatz*
Sie heißt Daria Mattivi.	Sie sagt, **dass** sie Daria Mattivi heißt.

12

Geschichte: Tina und ihre Schwester Leni

Schau die Bilder an. Worum geht es?
Sprich darüber.

Zu Hause

Das lernst du:

- jemanden auffordern
- eine Meinung äußern
- das eigene Zimmer beschreiben
- Kleidung beschreiben
- einen Besitz ausdrücken
- in Konfliktsituationen reagieren/streiten

- im Haus
- Möbel
- Kleidung

- Modalverb *sollen*
- Possessivartikel *mein/dein* im Dativ
- Possessivartikel *ihr* (Plural) im Nominativ und Akkusativ
- Wortbildung: Nomen aus Verb
- Ortsangaben mit Dativ
- Adjektiv + Nomen: Nominativ bei bestimmtem Artikel

Unsere Wohnung ist zu klein

1 So eine Unordnung!

2/31 **a** **Hör zu und schau das Bild an.**

2/31 **b** **Hör noch einmal zu. Welche Wörter kennst du? Zeig auf dem Bild mit.**

c **Lies die Anweisungen. Welche Anweisungen kommen in der Szene vor und in welcher Reihenfolge? Lösung: Wie soll das Zimmer sein?**

R	Räumt euer Zimmer auf!	I	Mach deine Hausaufgaben!
D	Macht Ordnung!	L	Passt besser auf eure Sachen auf.
E	Legt die Pullis zusammen!	C	Schimpf nicht immer so mit uns.
A	Mach das Zimmer sauber!	H	Bring den Hund raus!
O	Mach die Musik leiser!	T	Stellt die Schuhe ordentlich hin.
S	Pack deine Schultasche ein!	N	Hängt eure Jeans auf!

→ AB 1

WIEDERHOLEN
Imperativ im Singular und Plural
machen →
Mach Hausaufgaben!
Macht Ordnung!
aufpassen →
Pass auf!
Passt auf!

2 Leni kommt

a **Ergänze den Dialog mit den Anweisungen (E, N, T, L, H, O) aus 1c.**

◆ Na, Schwesterchen. Alles klar?
● Gar nichts ist klar. Mama war da. Sie hat geschimpft!
Sie hat gesagt, wir sollen unser Zimmer aufräumen.
Wir sollen Ordnung machen. Wir sollen ??? (E, N, T, L).
◆ Und? Sonst noch etwas?
● Ja. Du sollst nicht immer meine Sachen nehmen, Leni.
◆ Hat sie gesagt?
● Na ja, nicht ganz. Aber du sollst den Hund ??? (H).
◆ Ich soll den Hund ??? (H)? Tina, das ist doch dein Hund.
Hat sie auch gesagt, du sollst ??? (O)?
● Jaaaa.

2/32 **b** **Hör den Dialog zur Kontrolle.**

→ AB 2-4

Modalverb *sollen*

ich soll	wir sollen
du sollst	ihr sollt
er/es/sie soll	sie/Sie sollen

jemanden auffordern
Räum auf! →
Du sollst aufräumen!
Passt auf! →
Ihr sollt aufpassen!

3 Und jetzt du!

a **Schreibt in Gruppen Anweisungen für die Klasse auf Zettel.**

Mach die Tafel sauber! Macht die Fenster auf! Komm an die Tafel!

Nehmt eure Hefte heraus! Schreib die Wörter! Lies den Text!

b **Sammelt alle Zettel ein. Ein Spieler zieht einen Zettel, liest vor und bestimmt einen oder zwei Mitspieler. Er/Sie macht/machen, was der Spieler gesagt hat.**

Mach die Tafel sauber! Eva, du sollst die Tafel sauber machen.

Macht die Fenster auf! Leo und Pia, ihr sollt die Fenster aufmachen.

c **Macht auch Quatsch-Anweisungen.**

→ AB 2-4

4 Ein gemeinsames Zimmer – pro und kontra

Man kann gemeinsam Musik hören.
Man hat keinen Platz. Es ist zu eng.
Man kann die Freunde nicht mitbringen.
Man ist nie allein.
Die Schwester/Der Bruder kann bei den Hausaufgaben helfen.

eine Meinung äußern
Meiner Meinung nach ...
Ich meine/glaube/finde, dass ...
Aber man kann/muss (nicht) ...

a **Ordnet die Argumente. Schreibt die Argumente an die Tafel. Pro – Was spricht dafür? Kontra – Was spricht dagegen?**

b **Sammelt in der Klasse weitere Argumente. Schreibt sie an die richtige Stelle.**

c **Diskutiert in der Klasse.**

Meiner Meinung nach kann man ...

Aber man kann/muss (nicht) ...

Ich meine/glaube/finde, dass ...

→ AB 5

5 Stress am Morgen

▲ Leni, was ist denn los? Es ist schon spät! Wir ??? (1) auch alle rein.
◆ Ich bin noch nicht fertig.
● Dann mach ??? (2).
◆ Ich ??? (3) nicht ??? (4)!
● Du ??? (5) nicht ??? (6) als eine Viertelstunde im Bad bleiben wie wir alle.
◆ Ich weiß, ich bin heute ??? (7) aufgestanden.
● Das ist uns doch egal. Ich ??? (8) jetzt rein.
◆ Ich komme ja schon.
▲ Na, endlich!

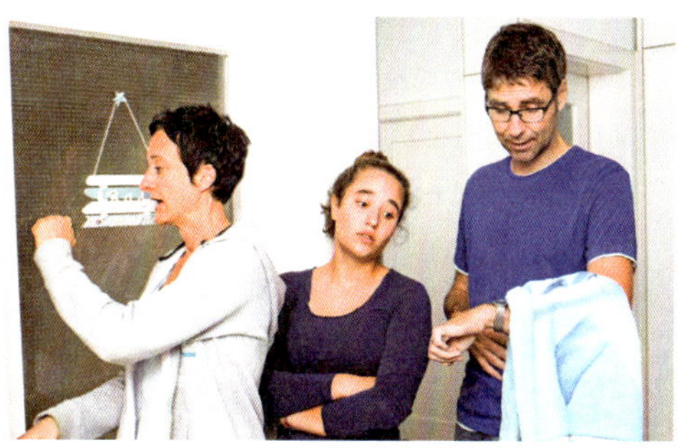

a **Ergänze den Dialog.**

Zu schwer? Die Wörter helfen dir.

länger ▪ später ▪ schneller (2x) ▪ will/muss ▪ wollen/müssen ▪ darfst ▪ kann

2/33 **b** **Hör den Dialog zur Kontrolle.**

→ AB 6

6 Im Bad

2/34 **a** **Hör zu und lies mit.**

- ● Was hast du mit meiner Zahnbürste gemacht?
- ◆ Ich habe gar nichts mit deiner Zahnbürste gemacht.
- ● Ich finde sie aber nicht mehr.
- ◆ Das ist doch nicht mein Problem.

Possessivartikel *mein/dein* im Dativ

mit	meinem/deinem Bademantel
	meinem/deinem Handtuch
	meiner/deiner Seife
	meinen/deinen Kosmetik-Sachen

b **Macht weitere Dialoge mit:**

→ AB 7-8 mit meinem Bademantel → ihn | mit meinem Handtuch → es | mit meiner Seife → sie | mit meinen Kosmetik-Sachen → sie

7 E-Mail an Tante Nora

Von: Tina und Leni   An: Tante Nora   Betreff: Kannst du uns helfen?

Liebe Tante Nora,

gestern hat unsere Mutter mal wieder richtig geschimpft! Weil unser Zimmer ein Chaos ist, sagt sie. Aber wir können unser Zimmer gar nicht in Ordnung halten, weil es so klein ist. Unser Schrank ist einfach zu klein. Das ist so stressig! Wir möchten endlich jede ein eigenes Zimmer. Wir haben auch nur ein Bad für vier Personen! Jeden Morgen gibt es Stress. Wir brauchen eine neue Wohnung! Kannst du nicht mal mit Papa und Mama reden?

Deine Tina und Leni

a **Lies die E-Mail. Dann lies die Sätze. Was ist richtig? Was ist falsch?**

1. Ihr Zimmer ist unordentlich.
2. Sie finden ihren Schrank nicht groß genug.
3. Ihre Sachen haben Platz im Schrank.
4. Sie haben nur ein Bad für zwei Personen.

b **Onkel Max möchte wissen, was die beiden schreiben. Das sagt Tante Nora:** → AB 9

Ihre Mutter hat mal wieder …

Possessivartikel *ihr* (Plural) im Nominativ

Das ist …	ihr Schrank.
	ihr Zimmer.
	ihre Wohnung.
Das sind …	ihre Sachen.

im Akkusativ

Wie finden sie …	ihren Schrank?
	ihr Zimmer?
	ihre Wohnung?
	ihre Sachen?

8 Tante Noras Meinung

Tante Nora antwortet, dass sie ihr Zimmer nicht in Ordnung halten können, dass sie wirklich zwei Zimmer brauchen, und dass sie mit den Eltern redet.

→ AB 9 **Schreib Tante Noras E-Mail.**

1 Wir suchen eine neue Wohnung

4-Zi-Whg., EG, NB, 103 qm, kleine Küche mit Gas-Herd, Garten, Terrasse, keine Hunde, € 950,– + Hzg. (A)

DG-Whg., 130 qm, 5 Zi., Blk., Gäste-WC, € 1120,– + Hzg. (B)

AB-Wohnung, 3 Zi., ca. 98 qm, Gge., Blk., Wo-Zi 30 qm, Gas-Hzg., Gäste-WC, € 1080,– (C)

Reihenhaus, 4 Zimmer, ca. 140 qm, 2 Bäder, Hobbyraum im Keller, 300 qm, Garten, Haustiere kein Problem, € 1210,– (D)

a **Lies die Wünsche und die Anzeigen. Was bedeuten die Abkürzungen?**

AB, DG, Hzg., Wo-Zi., Blk., WC, Gge., ca., Zi., Whg., EG

Wohnzimmer ▪ Zimmer ▪ Balkon ▪ Altbau ▪ Garage ▪ Wohnung ▪ Heizung ▪ Dachgeschoss ▪ Toilette/(Water closet) ▪ Erdgeschoss ▪ circa (ungefähr)

b **Lies die Anzeigen ohne Abkürzungen.**

c **Lies noch einmal die Anzeigen und die Wünsche der Familie. Für welche Wohnung/welches Haus entscheidet sich die Familie?**

→ AB 1-2

im Haus
Balkon
Herd
WC
Dach
Dusche
Garage
Heizung

2 Nomen mit der Endung -ung

Ergänze die Nomen mit *-ung*.

Zu schwer? Die Wörter unten helfen dir.

1. Wir wohnen in Bremen. Unsere ??? ist ziemlich groß.
2. Entschuldigen Sie. Ich möchte aussteigen. ???, darf ich bitte raus?
3. Wir möchten unsere Verwandten zu Mamas Geburtstag einladen. Hast du die ??? schon geschrieben?
4. Was meinst du? Sag uns deine ???.
5. Wir wandern gern. So eine ??? dauert oft sechs bis sieben Stunden.

→ AB 3 Wanderung ▪ Einladung ▪ Entschuldigung ▪ Meinung ▪ Wohnung

Wortbildung:
Nomen aus Verb
wohnen → die Wohnung
meinen → die Meinung
wandern → die Wanderung
= *Nomen mit -ung* → *feminin*

3 Laute und Buchstaben: ng

2/35 **a** **Hör zu und sprich nach.**

2/36 **b** **Hör zu. Was ist falsch? 1, 2, 3, 4 oder 5?**

2/37 **c** **Lies laut. Hör die Sätze zur Kontrolle.**

Jakobs und Pauls Lieblingshobby ist Camping. Und sie machen gern Wanderungen. Die Jungen müssen das Zelt in Ordnung bringen.
→ AB 4 Sie fangen gleich an.

So sprichst du ng richtig:
ng spricht man als einen Laut.

4 Ein Rat von Cousin Jan

Das ist doch toll! Was ist denn dein Problem? N

Das eine Zimmer ist groß, das andere ist kleiner, hat aber einen Balkon. Leni möchte das große Zimmer. H

Hallo, Tina. Was ist denn los? Wie kann ich dir helfen? E

Hallo, Jan. Du bist doch mein Lieblingscousin. Kannst du mir einen Rat geben? R

Leni möchte aber auch einen Balkon. Was soll ich machen? U

? S

Und du nimmst das Zimmer mit Balkon. Das ist doch kein Problem. A

Leni und ich bekommen jede ein eigenes Zimmer. E

Das weiß ich. Der Umzug ist doch schon nächste Woche. H

Du weißt doch, dass wir bald umziehen, in ein Reihenhaus. I

a **Lies die Nachrichten und ordne sie. Was ist das Lösungswort?**

b **Welchen Rat gibt Jan? Sprecht in der Klasse darüber.**

c **Schreib die Geschichte.**

zwei Zettel schreiben

Zettel ziehen

Leni das große Zimmer, Tina ...

→ AB 4

5 Im Möbelhaus

- Wie gefällt dir der Schrank neben der Tür?
- Gefällt dir das Sofa unter den Fenstern?
- Wie gefallen dir die Poster über dem Bett?
- Wie findest du die Lampe auf dem Tisch?
- Wie findest du den Stuhl vor dem Schreibtisch?
- Und wie findest du die Bank hinter dem Gartentisch?

a **Lies die Fragen und zeig auf dem Bild mit.**

2/38 **b** **Hör zu und lies mit.**

c **Schau das Bild noch einmal an. Wie findest du die Möbel? Macht Dialoge mit den Fragen und den Möbeln von a. Beantwortet die Frage mit diesen Sätzen.**

Der/Das/Die gefällt mir sehr gut/gut/nicht so gut/gar nicht.
Den/Das/Die finde ich toll/super/doof/langweilig/...
→ AB 5-9 Den/Das/Die möchte/nehme/kaufe ich.

Möbel
Schrank/Schränke
Sofa/Sofas
Bank/Bänke

Ortsangaben mit Dativ
vor dem Tisch
hinter dem Tisch
unter den Fenstern
über dem Bett
neben der Tür

6 Brief an Tante Nora

Tinas Zimmer ist klein, hat aber ein Fenster. Unter dem Balkon steht ihr Schreibtisch. Dann hat sie Licht beim Hausaufgaben machen. Das Sofa vor dem Schreibtisch ist ganz modern. Sie hat auch einen Stuhl. Der Stuhl wird am Abend ein Bett. Das ist praktisch. Über dem Poster hängt ein Sofa, von New York. Das sieht toll aus. Neben dem Sofa ist New York. Der Schrank ist ziemlich klein. Da hat sie jetzt viel Platz für ihre Sachen.

2/39 **a** **Vergleiche den Text mit dem Foto. Verbessere. Hör den Text zur Kontrolle.**

b **Schreib den Brief an Tante Nora.**
→ AB 5-9

Liebe Tante Nora,
so sieht mein Zimmer aus.
Es ist klein, hat aber einen ...
Unter dem Fenster ...

das eigene Zimmer beschreiben
Mein Zimmer ist groß/klein/...
Es hat .../Es gibt ...
Neben/Unter/... steht ...

7 Faltspiel

a **Jeder Spieler schreibt diesen Satz auf ein Blatt.**

b **So geht das Spiel: Schau im PluMa auf Seite 71 nach.**
→ AB 5-9

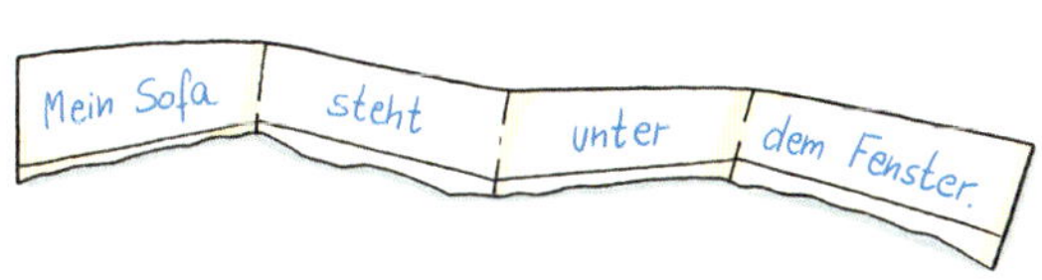

36 Meine Sachen sind weg!

1 So war es im Kaufhaus

- Hey, die Hose da ist ja toll.
- Ja, sie ist rot, dunkelrot. Die neue Modefarbe.
- Eigentlich mag ich die Farbe nicht so gern. Aber diese Hose gefällt mir.
- Und sie ist ganz modern.
- Was kostet denn die rote Hose?
- 29 Euro.
- Haben Sie die auch in Größe 36?
- Ja natürlich.
- Kann ich die Hose mal probieren?
- Ja, klar!
- Ich glaube, die nehme ich.

2/40 **a** Hör zu und lies mit.

2/41 **b** Hör die Wörter, zeig mit und sprich nach.

Rock

Hose

Hemd

Mütze

Stiefel

c Macht weitere Dialoge mit:

blau → hellblau → der blaue Rock
grün → hellgrün → das grüne Hemd
braun → dunkelbraun → die braune Jacke
grau → hellgrau → die grauen Stiefel

2/42 **d** Hör die Dialoge zur Kontrolle. Macht auch Dialoge mit anderen Farben, Kleidungsstücken und Preisen.
→ AB 1-2

Kleidung
Rock/Röcke
Stiefel/Stiefel
Hemd/Hemden
Hose/Hosen
Mütze/Mützen

Adjektiv + Nomen: Nominativ bei bestimmtem Artikel
Der Rock ist blau. →
Der blaue Rock gefällt mir.
Das Hemd ist grün. →
Das grüne Hemd gefällt mir.
Die Jacke ist braun. →
Die braune Jacke gefällt mir.
Die Stiefel sind grau →
Die grauen Stiefel gefallen mir.

2 E-Mail an die Freundin Laura

Von: Tina An: Laura Betreff: Shoppen

Hallo, Laura,

ich habe doch mein Taschengeld gespart. Und heute war ich shoppen. Also: Ich habe eine Hose gekauft, ein Hemd, eine Jacke, einen Rock und Stiefel.Die Hose ist ??? (a). Das Hemd ist ??? (b), die Jacke ist ??? (c) und die Stiefel sind ??? (d). Das sieht toll aus! Die ??? (e) Hose und das ??? (f) Hemd passen so gut zusammen. Der ??? (g) Rock und die ??? (h) Stiefel sehen super aus! Die ??? (i) Jacke passt auch dazu. Ich bin so froh!

Deine Tina

Lies die E-Mail und lies noch einmal die Angaben von 1. Ergänze die Wörter.

→ AB 1-2 rot ▪ rote ▪ grau ▪ grauen ▪ grün ▪ grüne ▪ blaue ▪ braun ▪ braune

3 Wie sind die Sachen?

hell

dunkel

kurz

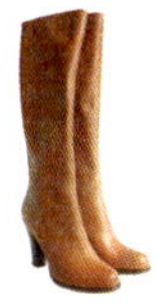
lang

eng

weit

hübsch

hässlich

2/43 **a** Hör zu und zeig mit.

b Spiel: Dalli-Dalli

→ AB 3-6 So geht das Spiel: Schau im PluMa auf Seite 72 nach.

Kleidung beschreiben
Der neue Rock ist kurz/lang/eng/weit/dunkel/hell/hübsch/hässlich/hellblau/dunkelrot/...

Die neuen Stiefel sind ...

4 Das ist dann zu Hause passiert

- ● Ich sehe wohl nicht richtig. Was ist das denn?
- ◆ Warum?
- ● Na, hör mal. Wem gehört denn die rote Hose? Dir oder mir?
- ◆ Dir natürlich.
- ● Und warum hast du sie dann an?
- ◆ Nun hab dich nicht so!

2/44 **a** Hör zu und lies mit.

b Macht weitere Dialoge mit den Sachen von 1 und

→ AB 7-8 mit anderen Kleidungsstücken und anderen Adjektiven.

einen Besitz ausdrücken
Wem gehört/gehören ...?
Der/Das/Die ... gehört/gehören mir/dir.

TIPP
Nehmt kurze Texte auf und korrigiert euch gegenseitig.

5 Schülerforum

Hilfe! Meine Geschwister nerven mich!

Meine Schwester ist nur ein Jahr jünger als ich. Aber sie ist so doof! Immer nimmt sie meine Sachen! Und sie fragt nicht einmal! Gestern zum Beispiel war ich in der Stadt shoppen. Ich habe seit Monaten mein ganzes Taschengeld gespart und habe dann richtig schön eingekauft. Und sie hat die neuen Sachen einfach angezogen! Was soll ich nur machen? Tina

1. Ich kann mir vorstellen, dass du sauer bist. Sag ihr ganz klar, dass das nicht geht! Sonst nimmst du ihre Sachen! Tim
2. Sei doch nicht so böse! Das macht doch nichts. Sie ist doch deine Schwester. Lia
3. Ich habe auch eine Schwester, aber sie ist ein Jahr älter als ich. Elli
4. Ich finde, ihr solltet mal miteinander reden. Uli

a Lies die Beiträge. Welche Beiträge passen zu Tinas Text?

b Welchem Beitrag stimmst du zu? Was ist deine Meinung?

→ AB 9

6 Streit oder nicht?

2/45 **Hör zu und lies die Aussagen. Welche Aussagen hörst du?**

Wir müssen reden.
Ich bin jedes Mal sauer.
Das mag ich gar nicht.
Hör doch auf!
So geht das nicht.
Wir wollen doch nicht streiten.
Was ist schon dabei?
Ich habe keine Lust mehr.
Lass mich doch in Ruhe.
Das finde ich total doof!
Sag das noch mal.
Wer will hier streiten?

→ AB 9

in Konfliktsituationen reagieren/streiten
Wir müssen reden.
Ich bin sauer.
Das mag ich nicht.
So geht das nicht.
Hör doch auf!
Was ist schon dabei?
Sag das noch mal!
Lass mich in Ruhe!
Ich habe keine Lust mehr.
Das finde ich ...
Wir wollen doch nicht streiten.
Wer will hier streiten?

7 Rollenspiel

a **Schreibt in Gruppen ein Streitgespräch. Verwendet die Aussagen von 6. Das ist die Situation: Deine Schwester/Dein Bruder nimmt immer dein Tablet und fragt dich nicht vorher.**

b **Spielt die Szene. Ihr könnt sie auch aufnehmen.**

→ AB 9

8 Leni und das grüne Hemd

a **Schau die Bilder an und erzähl die Geschichte.**

b **Zu welchen Sprechblasen 1–5 passen die Sätze? Was ist das Lösungswort?**

- E Au, Mist! was mache ich denn jetzt?
- A Niemand da! Zum Glück!
- J Ich gehe Jonas besuchen. O je, es regnet.
- N So, das Hemd schnell in die Waschmaschine!
- S Was ist das denn? Wie soll ich das Tina sagen?

→ AB 10

9 Das neue Hemd

- ● Was ist das denn? Wem gehört denn das kleine Hemd?
- ◆ Dir!
- ● Mir?
- ◆ Ja, dir natürlich. Du hast es doch gestern erst ??? (1).
- ● Was? Das ist das neue Hemd? Was hast du denn damit ??? (2)?
- ◆ Na ja, ich hatte es doch gestern an. Dann bin ich zu Jonas ??? (3). Es hat ??? (4). Und ich bin ??? (5). Und dein Hemd war schmutzig. Dann bin ich sofort nach Hause ??? (6) und habe es in der Waschmaschine ??? (7). Jetzt ist es sauber, ... aber auch ziemlich klein. Das Wasser war wohl ein bisschen zu heiß.
- ● Sag mal, geht's noch?
- ◆ Tut mir leid. Ich verspreche dir, dass ich nie, nie, nie mehr deine Sachen anziehe. Versprochen! Okay?

2/46 **a** **Hör zu und lies mit.**

b **Lies den Dialog noch einmal. Ergänze das Partizip Perfekt.**

gegangen ▪ gewaschen ▪ hingefallen ▪ gekauft ▪ gelaufen ▪ gemacht ▪ geregnet

2/46 **c** **Hör den Dialog zur Kontrolle.**

→ AB 10

10 Wo sind Tinas Sachen?

2/47 **a** **Hör zu und schau die Bilder an.**

2/47 **b** **Hör noch einmal zu. Wer sagt das?**

1. Wo sind meine Sachen?
2. Das glaube ich dir nicht.
3. Das ist doch komisch.
4. Ich habe nichts genommen.
5. Ein Turnschuh fehlt.
6. Komm doch mal zum Fenster!

c **Beantworte die Fragen.**

1. Warum ist Tina sauer?
2. Was ist weg?
3. Wie heißt der Hund?

→ AB 10

1 Lesen: Aus der Jugendzeitschrift „Bravissimo“

MODE UND MARKEN

Fast jede Klasse reagiert, wenn ein Mitschüler mit neuen Klamotten in die Schule kommt. Fast noch schlimmer ist es, wenn ein Mitschüler nie mit neuen Sachen kommt. Wie Jugendliche über Mode denken, ob alles immer super-modern sein muss oder unbedingt von einer bekannten Marke, das haben Schüler der Klasse 8c der Mommsen-Schule gefragt: Findest du, dass man immer nach der Mode gehen muss? Wie wichtig ist Marken-Kleidung? Ist Kleidung wichtig für Freundschaft und Kontakte?

Hier sind einige Antworten:

Ist modische Kleidung wichtig? Das kommt auf die Schule an. Wer hört schon gern die Bemerkung „Wie siehst du denn aus?“ **Lisa**

Ich bin gern super-modern gekleidet. Aber aktuelle Mode ist meistens viel zu teuer. Leider! **Eva**

Mir ist egal, was gerade Mode ist. Ich trage, was ich will. **Jana**

Ich finde Mode schon wichtig. Wenn man modisch angezogen ist, ist man „in“. Man findet dann auch leichter Freunde. **Daniel**

Mich interessiert nicht, was andere sagen. Ich möchte mich in meinen Sachen wohlfühlen, modern oder nicht modern, ganz egal. **Heiko**

Nicht jeder kann in Markenklamotten herumlaufen. Die sind oft sehr teuer. Viele Familien haben gar nicht genug Geld dafür. **Klara**

In England und in vielen anderen Ländern tragen die Schüler Schuluniformen. Dann kann man nicht sehen, ob die Eltern Geld haben und teure Klamotten kaufen können. Dann sehen alle gleich aus. Das finde ich richtig. **Sebastian**

a **Lies den Artikel. Wem ist Mode wichtig? Wem ist Mode nicht so wichtig?**

b **Wie steht es im Text? Finde die Zeile.**

1. Moderne Kleidung kostet zu viel.
2. Man findet schneller Kontakte, wenn man modisch gekleidet ist.
3. Markenmode ist nicht billig.
4. In vielen Ländern tragen die Schüler die gleiche Kleidung.

c **Lies die Aussagen noch einmal. Sammle Argumente.**
Was spricht für modische Kleidung? Was spricht gegen modische Kleidung?

d **Welche Aussagen findest du richtig/falsch? Was ist deine Meinung?**

2 Portfolio: Das bin ich

Schreib auf:

Name/Alter
Geburtstag
Familie
Wohnort/Adresse
Wohnung
Schule
Lieblingsfach
Mode
Lieblingsfarbe
Freunde
Hobbys

Ich heiße .../Ich bin ...
Mein Geburtstag ... am ...
Ich habe einen/eine Bruder/Schwester, keine/zwei/... Brüder/Schwestern/Geschwister.
Mein/Meine ... ist/sind jünger/... als ...
Ich ... in ..., in der ...-straße/am ...-platz, Hausnummer ...
Wir ... in einem Haus/in einer Wohnung.
Ich gehe ... Klasse.
Mein Lieblingsfach ist ...
Ich trage am liebsten Hosen und .../Röcke und/oder ...
...

3 Projekt: Szenen schreiben

a Sammelt Bilder aus Zeitschriften. Sie sollen interessante Situationen mit mindestens zwei Personen zeigen. Ihr könnt auch mehrere Bilder zu einem Bild zusammenstellen. Themen: Mode, Wohnen, Freunde, Sport.

b Was sagen die Personen auf den Bildern? Schreibt in Gruppen Dialoge. Ihr könnt auch Quatsch schreiben.

c Klebt die Bilder und die Dialoge auf ein Plakat.

Wohnen

d Spielt die Szenen und nehmt euch gegenseitig auf.

Kommunikation

jemanden auffordern	Räum auf!/Du sollst aufräumen! ▪ Passt auf!/Ihr sollt aufpassen!
eine Meinung äußern	Meiner Meinung nach ... ▪ Ich meine/glaube/finde, dass ... ▪ Aber man kann/muss (nicht) ...
das eigene Zimmer beschreiben	Mein Zimmer ist groß/klein. ▪ Es hat .../Es gibt ... ▪ Neben der Tür/Unter dem Fenster/... steht ...
Kleidung beschreiben	Der neue Rock ist kurz/lang/eng/weit/dunkel/hell/hässlich/hübsch ...
einen Besitz ausdrücken	Wem gehört/gehören ...? ▪ Der/Das/Die ... gehört/gehören mir/dir.
in Konfliktsituationen reagieren/streiten	Wir müssen reden. ▪ Ich bin sauer. ▪ Das mag ich nicht. ▪ So geht das nicht. ▪ Hör doch auf! ▪ Was ist schon dabei? ▪ Sag das noch mal! ▪ Lass mich in Ruhe! ▪ Ich habe keine Lust mehr. ▪ Das finde ich ... ▪ Wir wollen doch nicht streiten. ▪ Wer will hier streiten?

Grammatik

1 *Modalverb* sollen

ich	**soll**	wir	sollen
du	sollst	ihr	sollt
er/es/sie	**soll**	sie/Sie	sollen

2 Wortbildung: Nomen aus Verb

wohnen → die Wohn**ung**
Wir **wohnen** in Köln. →
Unsere **Wohnung** ist sehr schön.
= *Nomen mit* ***-ung*** → *feminin*

3 Adjektiv + Nomen: Nominativ bei bestimmtem Artikel

der blaue Rock	das grüne Hemd	die braune Jacke	die grauen Stiefel

4 Possessivartikel

mein *und* dein *im Dativ*				
mit	meinem/deinem Bademantel	meinem/deinem Handtuch	meiner/deiner Seife	meinen/deinen Kosmetik-Sachen

ihr *(Plural) im Nominativ und Akkusativ*					
Nominativ	Das ist/sind ...	ihr Garten.	ihr Zimmer.	ihre Wohnung.	ihre Sachen.
Akkusativ	Wie finden sie ...	ihren Garten?	ihr Zimmer?	ihre Wohnung?	ihre Sachen?

5 Ortsangaben mit Dativ

Wo ist/sind ...?	vor/hinter/unter/über/neben	dem Schrank	dem Sofa	der Bank	den Stühlen

PluMa
Das Planet-Plus-Magazin

Im ersten Teil findest du die Spiele aus dem Kursbuch.

Im zweiten Teil zeigen wir dir, wie man in Deutschland, Österreich und der Schweiz Feste feiert.

Spiele

Würfelspiel ‹L25/7

So geht das Spiel:

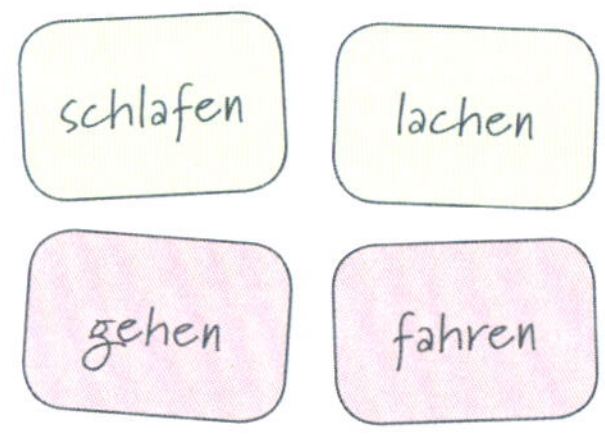

1. Verben im Infinitiv auf Karten schreiben. Das Perfekt mit *haben* oder mit *sein* durch zwei unterschiedliche Farben kennzeichnen. Alle Karten auf einen Stapel legen.
2. Würfeln und Spielfigur auf dem Spielplan auf Seite 73 bewegen. Buntes Feld? Dann eine Verb-Karte ziehen und mit dem Verb einen Satz im Perfekt bilden.

3. Richtig? Zwei Felder weitergehen.
   Falsch? Der nächste Spieler ist dran.

Variante: Würfelspiel zu Frage und Antwort ‹L29/3

1. Fragen und Antworten auf verschiedenfarbige Karten schreiben und auf zwei Stapel legen.
2. Würfeln und Spielfigur auf dem Spielplan auf Seite 73 bewegen. Buntes Feld? Dann Frage-Karte und Antwort-Karte ziehen. Beide Karten vorlesen.
3. Passen Frage und Antwort? Zwei Felder weitergehen.
   Passen sie nicht? Der nächste Spieler ist dran.

Variante: Würfelspiel zu Anweisungen mit *sollen* ‹L34/2

Variante: Würfelspiel zum Leseverstehen ‹L26/3

So geht das Spiel:

1. Fragen zum Text auf Karten schreiben.
2. Karte ziehen.
3. Frage beantworten.

Ebenso:

‹L27/1 ‹L31/3 ‹L34/7
‹L28/2 ‹L32/3 ‹L36/9
‹L30/1 ‹L33/6

Interviewspiel ‹L26/4

So geht das Spiel:

1. Tätigkeiten im Haushalt an die Tafel schreiben und Nummern vor die Tätigkeiten schreiben.
2. Auf ein Blatt schreiben, was man im Haushalt gern / nicht gern macht. Die anderen dürfen es nicht sehen.
3. Mit dem Blatt und einem Bleistift durch die Klasse gehen und fragen.

4. Die Nummer an der Tafel suchen und Name und Nummer aufschreiben.

Wer als Erster sechs Tätigkeiten auf seinem Zettel hat, ruft: „Ich bin fertig!“

5. Nach dem Spiel: Der Sieger liest seinen Zettel vor.

Varianten: Interviewspiel mit anderen Themen

‹L29/1 Krankheit

Was tut dir (nicht) weh?

Mein/Der Bauch.

‹L31/7 Essen und Trinken

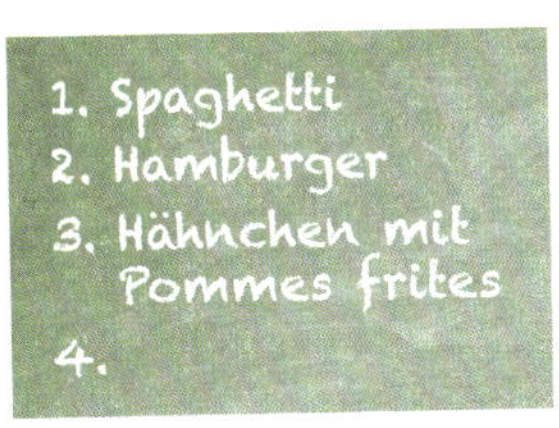

Pia, was möchtest du essen?

Ich möchte Spaghetti.

Leo und Lisa, was möchtet ihr trinken?

Wir nehmen eine Cola und eine Limo.

‹L36/1 Kleidung (Adjektiv + Nomen)

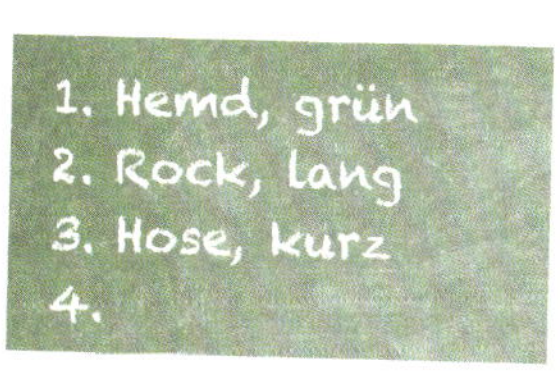

Welches Kleidungsstück gefällt dir gut?

Der lange Rock.

Schwarzer Peter ‹ L27/6

So geht das Spiel:

1. Zehn Kartenpaare (Positiv-Superlativ-Paare) schreiben und Karte „Schwarzer Peter“ machen

2. In Gruppen zu vier oder fünf Spielern spielen. Alle Karten mischen und an die Spieler verteilen

3. Immer vom Partner rechts eine Karte ziehen

4. Hast du ein Positiv-Superlativ-Paar? Vorlesen und das Paar ablegen

Wer am Schluss die Karte „Schwarzer Peter“ hat, hat verloren.

Variante: „Schwarzer Peter“ mit anderen Themen

‹ L31/3 trennbare Verben (Infinitiv – Partizip Perfekt)

mitkommen – mitgekommen	abfahren – abgefahren
einladen – eingeladen	einkaufen – eingekauft

‹ L34/2 Imperativ – Modalverb *sollen*

Räum auf! – Du sollst aufräumen.
Bleib hier! – Du sollst hierbleiben.

Platzwechselspiel ‹L28/6

So geht das Spiel:

Fuß, Füße | Fuß, Füße | Nase | Nase

1. Die Wörter aus Lektion 28/5 jeweils zweimal auf Karten schreiben
2. Im Kreis aufstellen. Immer zwei gegenüber haben die gleiche Wortkarte. Den Text hören. Hörst du dein Wort? Dann den Platz mit dem Mitschüler tauschen, der die gleiche Wortkarte hat.

Je schneller man das Spiel spielt,
desto lustiger ist es.

Variante: Platzwechselspiel zu anderen Themen

‹L31/7 Speisen und Getränke

Hamburger | Wasser | Nudelsuppe | Limo

‹L33/1 in der Stadt

Museum | Brücke | Fluss | shoppen

Zwei-Karten-Spiel ‹ L30/5

So geht das Spiel:

1. *Warum*-Fragen und die passenden *Weil*-Antworten auf verschiedenfarbige Karten schreiben.

   Warum bist du zu Hause?

   Weil ich krank bin.

2. Alle *Warum*-Karten einsammeln, mischen und auf einen Stapel legen. Ebenso alle *Weil*-Karten.

3. Spieler 1 zieht eine *Warum*-Karte und liest sie vor.

   „Warum bist du zu Hause?“

   Spieler 2 zieht eine *Weil*-Karte und liest sie vor.

   „Weil ich krank bin.“

   Passen Frage und Antwort zusammen? Dann bildet Spieler 1 aus beiden Karten einen Antwortsatz mit *weil*. Spieler 1 darf das Kartenpaar behalten und weitermachen.

   „Du bist zu Hause, weil du krank bist.“

   Passt die Antwort nicht? Dann kommen beide Karten zurück in den Stapel und Spieler 2 darf weitermachen.

Wer hat am Schluß
die meisten Karten?

Variante: Zwei-Karten-Spiel zum Nebensatz mit *dass* ‹ L 32/4

So geht das Spiel:

1. Karten schreiben und auf zwei Stapel legen.

Er/Sie sagt/erzählt, ...	Ihre Oma spricht Deutsch.
Es ist wichtig/interessant, ...	Sie kommt aus Italien.
Du hast mir gar nicht gesagt, ...	Sie spielen in einer Band.
Ich finde toll/super, ...	Er hat einen Freund eingeladen.
Ich bin froh/traurig/glücklich, ...	Er/Sie ...
Sie sagen, ...	

2. Ein Spieler: Von jedem Stapel eine Karte nehmen. Einen Satz mit *dass* bilden.

   „Sie sagt, dass ihre Oma Deutsch spricht.“

Richtig? Die Karten behalten und weitermachen.
Falsch? Beide Karten wieder in den Stapel legen. Der nächste Spieler ist dran.

Wer hat am Schluss
die meisten Karten?

Fußball-Fragespiel ‹ L30/7

So geht das Spiel:

1. In Gruppen Fragen zu der Reportage in Lektion 30/6 schreiben. Karten auf einen Stapel legen.
2. Immer zwei Gruppen haben einen Spielplan. Jede Mannschaft hat ein Tor. Ein „Ball" (= Radiergummi) liegt in der Mitte. Gruppe 1 nimmt eine Frage-Karte und liest vor. Gruppe 2 antwortet.
3. Richtig? Gruppe 2 schiebt den „Ball" zur nächsten Linie Richtung Tor von Gruppe 1.
4. Dann fragt Gruppe 2 und Gruppe 1 antwortet. Richtig? Dann darf Gruppe 1 den „Ball" wieder in die andere Richtung schieben. Falsch? Dann muss der „Ball" liegen bleiben. Die andere Gruppe ist dran.

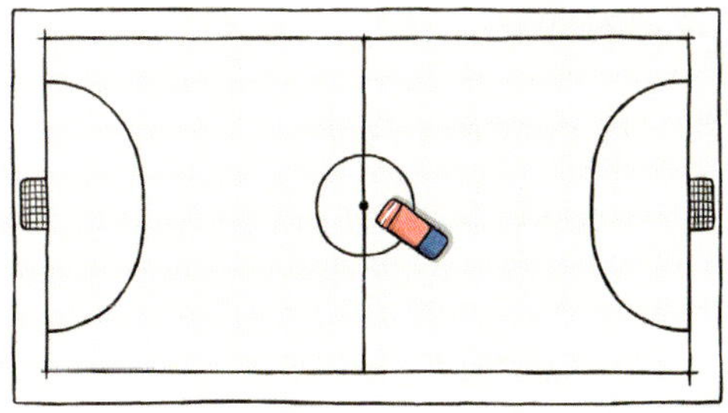

Wer schießt das erste Tor?

Variante: Fußball-Fragespiel mit anderen Lesetexten

‹ L31/3 ‹ L32/3 ‹ L33/6 ‹ L34/7 ‹ L36/9

Faltspiel ‹ L35/7

So geht das Spiel:

1. Vier Spieler. Jeder Spieler schreibt diesen Satz auf ein Blatt.

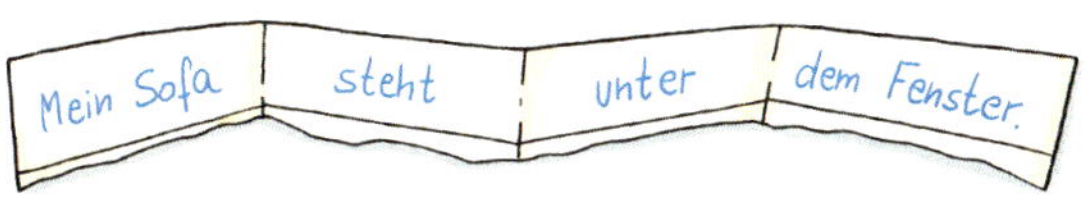

2. Unter *Mein Sofa* einen ähnlichen Satzteil (Artikel + Nomen) schreiben: *Ein Schrank*, *Der Herd*, *Der Kühlschrank*, *Die Katze*, *Dein Bruder*, … Das Blatt nach hinten falten. Der nächste Spieler darf den neuen Text nicht sehen. Das gefaltete Blatt nach links weitergeben.

3. Unter *steht* einen ähnlichen Satzteil (Verb) schreiben: *hängt*, *sitzt*, *liegt*, *ist*, *steht*, … Das Blatt nach hinten falten und nach links weitergeben.

4. Unter *unter* einen ähnlichen Satzteil (Präposition) schreiben: *neben*, *hinter*, *vor*, *auf*, *über*, *unter*. Das Blatt nach hinten falten und nach links weitergeben.
5. Unter *dem Fenster* einen ähnlichen Satzteil (Artikel im Dativ + Nomen) schreiben: *dem Bett*, *der Lampe*, *den Tischen*, … Das Blatt nach hinten falten und nach links weitergeben.
6. Der letzte Spieler macht das Blatt auf und liest vor.

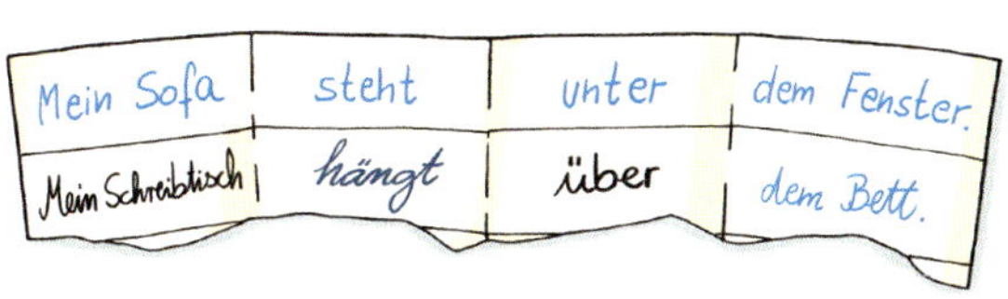

Wer hat den schönsten Quatsch-Satz?

Dalli-Dalli-Spiel ‹ L36/3b

So geht das Spiel:

1. Zwei Schüler gehen hinaus. Zwei andere Schüler sagen abwechselnd ganz schnell:

Und dann so:

Alle zählen die Sätze mit. Wie viele Sätze in zwei Minuten?

2. Dann kommen die beiden anderen Schüler herein und machen das Gleiche. Wieder zählen alle mit.

Wer hat am meisten richtige Sätze gesagt?

Spielplan

Volksfeste

Das Münchner Oktoberfest

Das Oktoberfest in München ist das größte Volksfest auf der Welt.
Es fängt schon Ende September an und dauert 16 Tage, bis in den Oktober hinein.
Am ersten Samstag um 12 Uhr fahren die Pferdewagen auf die Theresienwiese.
So heißt der Festplatz.

Mehr als 6 Millionen Menschen besuchen in jedem Jahr das Oktoberfest. Sie kommen vor allem aus Italien, Spanien, Holland, England, aber auch aus Japan, Australien oder den USA. Viele Leute ziehen dann bayerische Kleidung an: Die Frauen und Mädchen kommen im Dirndl, die Männer und Jungen in Lederhosen.

Alles hat 1810 mit der Hochzeit von Kronprinz Ludwig von Bayern angefangen. Bei der Hochzeit gab es ein großes Pferderennen auf einer Wiese vor der Stadt. Das hat den Leuten so gut gefallen, dass man das Fest im nächsten Jahr wiederholt hat.

Das Fest wurde immer größer. Es gab Karussells und Schaubuden. Es gab auch Festzelte, da konnte man Hähnchen, Würstchen oder Brezeln essen und der Musikkapelle zuhören.

Und so ist es heute noch …

Heute gibt es auf dem Oktoberfest viele Fahrgeschäfte. Das sind Karussells und Bahnen, die durch moderne Technik immer spannender werden.

Dazu gibt es mehr als 100 Spiel-, Wurf- und Schaubuden . Und es gibt 14 große und 15 kleinere Festzelte. Da kann man etwas essen und trinken.

Die Leute fahren auch gern mit dem Riesenrad. Es ist 50 Meter hoch. Da kann man von oben das ganze Oktoberfest und die Stadt München sehen.

Volksfeste in Deutschland, Österreich und der Schweiz

In Deutschland, in Österreich und in der Schweiz gibt es noch viele andere berühmte Volksfeste. Sie finden meistens im Frühling oder im Herbst statt. Sie sind oft aus religiösen Festen oder aus Märkten entstanden.
Noch heute gibt es dort auch Händler aus verschiedenen Regionen. Sie verkaufen typische Speisen oder praktische Gegenstände wie Töpfe und Geschirr. Manche Verkäufer machen diese Sachen sogar selbst.

Die größten und ältesten Volksfeste in Norddeutschland sind: der Freimarkt in Bremen vom 14. bis zum 30. Oktober und der Hamburger DOM. Er findet dreimal im Jahr statt, im Winter, im Frühling und im Sommer. Diese Volksfeste gibt es schon seit mehr als 900 Jahren.

In Österreich gibt es seit 600 Jahren den Sankt Veiter Wiesenmarkt. Er beginnt am letzten Samstag im September und dauert 10 Tage. Zu diesem Fest kann man mit einer alten Dampflokomotive fahren.

Auch in der Schweiz gibt es viele Volksfeste. Die Basler Herbstmesse beginnt Ende Oktober und dauert 16 Tage. Das Fest ist schon mehr als 500 Jahre alt.

In Zürich feiert man seit 1976 alle drei Jahre am ersten Juli-Wochenende drei Tage lang das Züri Fäscht (Zürich-Fest). Es gibt viele Konzerte und Essen aus verschiedenen Ländern.

Alle Volksfeste enden mit einem großen Feuerwerk.

Der Maibaum

In ganz Deutschland und in Österreich gibt es in vielen Orten einen Maibaum.

Der Maibaum ist ein sehr hoher, gerader Baumstamm. Er ist oft bemalt oder mit grünen Zweigen geschmückt. Ganz oben hängt ein großer Kranz aus Tannengrün. Oft ist der Baum mit bunten Bändern oder Figuren dekoriert.

Das Maibaum-Aufstellen am 1. Mai ist ein ganz besonderer Brauch. Vor allem in Süddeutschland und in Österreich stellen junge Männer den hohen Maibaum auf, ganz ohne Hilfe von Maschinen. Das ist schwere Arbeit und auch ein bisschen gefährlich.

Ein anderer Brauch für die jungen starken Männer eines Dorfes – vor allem in Süddeutschland – ist das „Maibaum-Kraxeln", das heißt auf den Maibaum steigen, ganz ohne Hilfe.

In vielen Städten und Dörfern bleibt der Maibaum sogar das ganze Jahr über an einem zentralen Platz stehen.

Wortliste

- Die alphabetische Wortliste enthält alle Wörter von *Planet Plus* A2.1 mit Nennung der Lektion und der Aufgabennummer.
  Beispiel: Ausgang, ⸚e, der 26 1 → Das Wort *Ausgang* kommt erstmals in Lektion 26, Aufgabe 1 vor.
- Kursiv gedruckt sind Wörter, die nicht für die Prüfung der Niveaustufe A2 vorausgesetzt werden.
- Der für die Schüler relevante Lernwortschatz ist in chronologischer Reihenfolge im Anhang vom Arbeitsbuch zu finden.
- Nomen mit der Angabe (Sg.) verwendet man in der Regel nur im Singular.
- Nomen mit der Angabe (Pl.) verwendet man in der Regel nur im Plural.
- Folgende Abkürzungen werden verwendet: ZS = Zum Schluss, Einstieg = Moduleinstiegsseite

A

abholen 31 3
abstimmen 33 6
aktuell ZS 12 1
alkoholfrei 31 4
Alpen-Trophy (Sg.), die ZS 10 1
alt, älter, am ältesten 27 5
Altbau, -ten, der 35 1
Altstadt, ⸚e, die 33 1
Ampel, -n, die 33 3
Anfänger, -, der 27 3
anhaben 36 4
ankommen 31 3
anmelden 26 3
Anruf, -e, der 29 6
ansehen 30 3
anstrengend 29 1
anziehen 36 5
Appetit (Sg.), der 29 6
Arbeitszimmer, -, das 35 1
Argentinien (Sg.), das 32 4
Argentinierin, -nen, die 32 4
Arm, -e, der 28 5
Art, -en, die 30 1
Arzthelferin, -nen, die 29 6
aufhängen 34 1
auf Wiederhören 29 6
aufmachen 34 3
aufräumen 26 3
aufschreiben 26 9
Ausgang, ⸚e, der 26 1
ausruhen 33 6

B

Backfisch, -e, der 31 4
Bademantel, ⸚, der 34 6
Badewanne, -n, die 35 1
Balkon, -s/-e, der 35 1
Bank, ⸚e, die 35 5
Basketballer, -, der 28 1
Basketballfeld, -er, das 26 1
Beachvolleyball (Sg.), der 26 1
beachten 26 3
Begegnung, -en, die 27
beginnen 26 3
Bein, -e, das 28 5
bekannt 28 2
Bemerkung, -en, die ZS 12 1
benutzen 26 3
berichten 32 4
berühmt 33 1
besichtigen 33 1
beste/r/s 31 3
bestehen 28 2
bestellen 31 7
Besuch, -e, der 25 1
Birne, -n, die 31 4
bis (zu) 30 1
Bohne, -n, die 31 4
Bohnensalat, -e, der 31 4
böse 36 5
Bratwurst, ⸚e, die 31 4
Brücke, -n die 33 1
Büro, -s, das Start 1
Bus-Tour, -en, die Start 1
Butter (Sg.), die 31 4
Buttercremetorte, -n, die 31 4

C

Café, -s, das Start 1
Chaos (Sg.), das 34 7
Chef, -s, der Start 1
Chemieraum, ⸚e, der 32 1
circa (ca.) 33 1
Container, -, der 26 3
Creme, -s, die 31 4

D

dabei sein **31** 1
Dach, ¨-er, das **35** 1
Dachgeschoss, -e, das ***35*** *1*
dass **32** 4
decken (den Tisch) ***26*** *3*
denken **25** 6
direkt **25** 6
Doktor, -en, der ***29*** *6*
Dom, -e, der ***33*** *1*
Doppelzimmer, -, das **ZS 9** 1
draußen **26** 1
drinnen **26** 1
dunkel **36** 1
dunkelbraun ***36*** *1*
dunkelrot ***36*** *1*
Durchschnitt (Sg.), der ***ZS 11*** *2*

E

egal **34** 5
eigen- **35**
eigentlich **36** 1
Eingang, ¨-e, der **26** 1
einhalten ***26*** *3*
Einkaufszentrum, -zentren, das **33** 1
einnehmen ***29*** *8*
einpacken **34** 1
Eisbein (Sg.), das ***31*** *4*
Eiscafé, -s, das ***33*** *6*
Ende, -n, das **30** 4
endlich **30** 1
Endspiel, -e, das ***30*** *1*
eng **34** 4
Enkel, -, der **32** 4
Erdgeschoss (Sg.), das **26** 1
erfinden ***28*** *2*
erkältet sein **29** 2
erlauben **28** 2
erlaubt ***28*** *2*
erreichen **30** 1
erzählen **32** 4
Essenszeit, -en, die ***26*** *3*
europäisch **32** 3

F

Fabrik, -en, die ***ZS 11*** *2*
Fahrt, -en, die ***33*** *1*
fair ***28*** *2*
Fan, -s, der **Start** 1
fast **ZS 9** 1
Feldspieler, -, der ***28*** *2*
Feriencamp, -s, das **Einstieg** 9
Ferienerlebnis, -se, das ***Einstieg*** *9*
Fernsehraum, ¨-e, der ***26*** *1*
Festival, -s, das **Start** 3
Fieber (Sg.), das **29** 1
Finale (Sg.), das ***30*** *1*
Fischgericht, -e, das ***31*** *4*
fit sein **29** 4
fotografieren **25** 2
Foul, -s, das ***28*** *2*
freuen (sich) **26** 9
frisch **ZS 11** 4
furchtbar **29** 1
Fußballer, -, der ***28*** *2*
Fußballspielerin, -nen, die ***28*** *1*
Fußballverein, -e, der ***28*** *1*

G

Gabel, -n, die **26** 7
Garage, -n, die **35** 1
Gartengemüse (Sg.), das ***31*** *4*
Gartentisch, -e, der ***35*** *5*
Gas, -e, das ***35*** *1*
Gast, ¨-e, der **26** 3
gegen **30** 1
gegeneinander ***28*** *2*
gehören **36** 4
gemeinsam ***34*** *4*
gemischt ***31*** *4*
Gemüsereis (Sg.), der ***31*** *4*
genau ***ZS 10*** *1*
genauso ***28*** *3*
genug **34** 7
Gerät, -e, das **26** 3
Gericht (Essen), -e, das **31** 4
Geschirr (Sg.), das **26** 3
Gesicht, -er, das **28** 5
gesund **Einstieg** 10
Getränk, -e, das **31** 4
gewinnen **30**
Glas, ¨-er, das **26** 7
gleich (identisch) ***ZS 12*** *1*
Grippe (Sg.), die **29** 1
groß, größer, am größten **27** 5
Größe, -n, die **36** 1
Gulasch (Sg.), das ***31*** *4*
gut, besser, am besten **27** 5
Gymnastik (Sg.), die ***28*** *7*

H

Hähnchen, -, das **31** 4
Halbfinale (Sg.), das ***30*** *1*
Halbzeit (Sg.), die ***28*** *2*
Halle, -n, die **26** 1
Hallenfußball (Sg.), der ***28*** *1*
Hamburger, -, der **31** 4
Hand, ¨-e, die **28** 5
Handtuch, ¨-er, das **34** 6
hängen **35** 6
hässlich **36** 3
Hausordnung, -en, die ***26*** *3*
Heimat (Sg.), die **Start** 1
Heimat-Museum, -Museen, das ***Start*** *1*
heiraten **32** 4
heiß **29** 1
Heizung, -en, die **35** 1
hell **36** 1
hellblau ***36*** *1*
hellgrau ***36*** *1*
hellgrün ***36*** *1*
Hemd, -en, das **36** 1
heraus **34** 3
herausnehmen ***34*** *3*
Herd, -e, der **35** 1
herumlaufen ***ZS 12*** *1*
hinfallen ***30*** *2*
hinstellen ***34*** *1*
hinten **26** 1
hinter **35** 5
Hobbyraum, ¨-e, der ***35*** *1*

Wortliste

R

Radfahren (Sg.), das **ZS 11** *2*
Radweg, -e, der **26** *1*
Rat(schlag) (Sg.), der **35** *4*
Rathaus, ¨er, das **33** 1
Raum, ¨e, der **26** 1
rausbringen **34** *1*
reagieren **ZS 12** *1*
Redaktion, -en, die **32** *1*
reden **36** 5
Regel, -n, die **26** *3*
Reihenhaus, ¨er, das **35** *1*
Reis (Sg.), der **31** 4
reisen **ZS 11** 2
Reitlehrer, -, der **ZS 9** *1*
Reportage, -n, die **30** *6*
Restaurant, -s, das **Start** 1
Rezept (Arzt), -e, das **29** 8
Rock, ¨e, der **36** 1
Rücken, -, der **28** 5
Ruhe (Sg.), die **35** 1

S

Sahne (Sg.), die **31** *4*
Salz (Sg.), das **31** 4
Salzkartoffel, -n, die **31** *4*
Sänger, -, der **32** 6
Sängerin, -nen, die **32** 6
Sauerkraut (Sg.), das **31** *4*
schaffen **ZS 10** 1
schießen **30** *1*
schimpfen **34** 1
Schlafzimmer, -, das **35** 1
schlimm **ZS 12** 1
schmutzig **36** 9
Schnitzel, -, das **31** *4*
Schrank, ¨e, der **34** 7
Schreibtisch, -e, der **35** *5*
Schulgruppe, -n, die **28** *1*
Schülerredaktion, -en, die **32** *1*
Schultasche, -n, die **34** *1*
Schuluniform, -en, die **ZS 12** *1*
Schwarzbrot, -e, das **ZS 11** *4*
Schwesterchen, -, das **34** *2*
Schwimmtraining (Sg.), das **27** *3*
Sehenswürdigkeit, -en, die **33** 1
Seife, -n, die **34** 6
Sekretärin, -nen, die **32** 1
Sekretariat, -e, das **32** 1
Ski, -er, der **Start** 1
Sofa, -s, das **35** 5
Sohn, ¨e, der **32** 4
sollen **34** 2
Spaghetti (Pl.) **31** 4
spannend **30** 1
sparen **36** 2
spätestens **28** *1*
Spaziergang, ¨e, der **33** 1
Speisekarte, -n, die **31** 4
Speisesaal, -säle, der **26** *1*
Spiegelei, -er, das **31** *4*
Spieler, -, der **28** 2
Spielstand (Sg.), der **30** *1*
Spielzimmer, -, das **26** *1*
Spinat (Sg.), der **31** *4*
Sportangebot, -e, das **26** *9*
Sportgerät, -e, das **26** *3*
Sportlehrer, -, der **28** 1
Sportverein, -e, der **ZS 10** *3*
springen **27** *3*
Star, -s, der **Start** 1
stattfinden **28** 1
stehen **35** 6
Stiefel, -, der **36** 1
stimmen **ZS 10** *1*
Stock (Stockwerk) (Sg.), der **26** 1
Straßenbahn, -en, die **33** 3
Streit (Sg.), der **36** *6*
streiten **35** 1
Stress (Sg.), der **34**, 5
stressig **34**, 7
Südamerika (Sg.), das **28** *2*
Surfboard, -s, das **26** *1*

T

Tablet, -s, das **36** 7
Tablette, -n, die **29** 8
täglich **27** 3
Tanz, ¨e, der **27** *3*
Tanzkurs, -e, der **27** *3*
Taschengeld (Sg.), das **26** 9
Tasse, -n, die **26** 7
Teetrinken (Sg.), das **ZS 11** *2*
Teller, -, der **26** 7
Terrasse, -n, die **35** *1*
Text, -e, der **32** 6
Theatergruppe, -n, die **28** *1*
Tischfußball (Sg.), der **26** *1*
Tischtennisraum, ¨e, der **26** 1
Tochter, ¨, die **32** 4
Tomate, -n, die **31** 4
Tomatensalat, -e, der **31** *4*
Tomatensuppe, -n, die **31** *4*
Tor, -e, das **30** 1
Torte, -n, die **31** 4
Torwart (Sg.), der **28** *2*
total **36** 6
Tour, -en, die **Start** 1
Tourist, -en, der **Start** 1
Touristen-Information, -en, die **Start** *1*
Trainer, -, der **ZS 9** *1*
trainieren **Start** 1
Training, -s, das **Start** 1
Treffpunkt, -e, der **27**, *3*
Treppe, -n, die **26**, 1

U

über **35** 5
überall **27** 1
überhaupt **34** *7*
Uhrzeit, -en, die **26** *3*
umgehen **29** *1*
umsteigen **33** 3
umziehen **35** 4
Umzug, ¨e, der **35** *4*
unbedingt **33** 1
Unfall, ¨e, der **30** 3
Unordnung (Sg.), die **34** *1*
unordentlich **34** *7*
unten **26** 1
unter **35** 5
untersuchen **30** 3
unterwegs sein **33**

Wortliste

V

Variante, -n, die **28** *2*
vegetarisch **31** *4*
Verabredung, -en, die **33** *3*
verbringen **32** *4*
Verein, -e, der **28** 1
Verkehr (Sg.), der **ZS 11** 4
verletzen (sich) **30** 3
Verspätung, -en, die **31** 1
versprechen **36** *9*
Verwandte, -n, die/der **32** 4
viel, mehr, am meisten **27** 5
Viertelstunde, -n, die **34** 5
von ... bis **30** 1
vor (lokal) **35** 5
vorher **26** 3
vorn **26** 1
vorsichtig **29** 8

W

wahrscheinlich **33** 1
waschen (etwas) **36** *9*
Waschmaschine, -n, die **36** *8*
Wassergymnastik (Sg.), die **27** *3*
Wassersportmöglichkeit, -en, die **26** *9*
WC, -s, das **35** 1
wegbringen **26** 3
weitergehen **25** *6*
Welt, -en, die **33** 1
weltbekannt **ZS 11** *2*
Weltmeister, -, der **ZS 11** *2*
weltweit **28** *2*
Werkraum, ¨-e, der **32** *1*
willkommen **Einstieg** 11
Windsurfen (Sg.), das **27** *1*
Wintermarkt, ¨-e, der **ZS 11** *2*
wohl **31** 3
wohlfühlen (sich) **ZS 12** *1*

Z

Zahnbürste, -n, die **34** 6
Zeitplan, ¨-e, der **26** *3*
Zentrum, Zentren, das **33** 1
Zimmergruppe, -n, die **26** *3*
Zitrone, -n, die **31** 4
zu Ende **30** 4
zurückbringen **26** *3*
zusammengesetzt **28** *2*
zusammenlegen **34** *1*
zweimal **31** 7

Quellenverzeichnis

Cover: © Clover Images/Strandperle
U2: © Digital Wisom
S. 3: Modul 9 © Thinkstock/iStock/Jacek Chabraszewski; Modul 10: Hintergrund © Thinkstock/iStock/Maridav; 1. Spalte von oben: © fotolia/Katarzyna Bialasiewicz; © iStock/Eva Katalin Kondoros; © Thinkstock/iStock/Leslie Banks; 2. Spalte von oben: © Thinkstock/iStock/bwancho; © iStock/Johnny Greig; © Thinkstock/iStock/shvili; Modul 11: Haus © Robert Metzger, Rickenbach; Personen von links: © Thinkstock/Monkey Business Images/Stockbroker; 2x © Thinkstock/iStock/Spotmatik; © Thinkstock/Purestock; PluMa © Thinkstock/iStock/ronaldino3001
S. 7: A © Thinkstock/iStockphoto; B © fotolia/Jonas Brodd; C © Thinkstock/liquidlibrary/Jupiterimages; D © Thinkstock/iStock/Maria Grushevskaya; E © Thinkstock/iStock/LIVINUS; F © Thinkstock/iStock/FooTToo; G © iStock/duncan1890; H © Thinkstock/iStock/Marzia Giacobbe; I © Getty Images/Danita Delimont/Gallo Images
S. 8: 1 © Thinkstock/iStock/fad1986; 3: links © Thinkstock/iStock/Paffy69; rechts © Thinkstock/iStock/panic_attack; 4 © Thinkstock/iStock/alisbalb; A © Thinkstock/Stockbyte/Jupiterimages; B © Thinkstock/iStock/monkeybusinessimages; C © Thinkstock/iStock/Deklofenak; D © MEV
S. 9: oben © Thinkstock/iStock/michal_staniewski; Mitte: Junge mit Fahrrad © Thinkstock/iStock/prudkov; Windsurfen © Thinkstock/iStock/SPrada; Basketball © iStock/Sergey Novikov; unten © Thinkstock/iStock/Jacek Chabraszewski
S. 10: Hintergrund Smartphone © Thinkstock/iStock/chaofann; N © Thinkstock/iStock/michal_staniewski; E Garten © Thinkstock/iStock/Jacob Ammentorp Lund; E baden © Thinkstock/iStock/Serge-Kazakov; R wandern © Thinkstock/Stockbyte; M reiten © Thinkstock/iStock/YanLev; R Fahrrad © Thinkstock/iStock/prudkov; O © www.cartomedia-karlsruhe.de; E Balkon © Thinkstock/iStock/KayTaenzer; S © PantherMedia/Kati Neudert; I, M Porträt © Thinkstock/iStock/Jacek Chabraszewski; F © irisblende.de
S. 13: Foto © Thinkstock/iStock/Jacek Chabraszewski
S. 14: Ü4 Tafelhintergrund © Thinkstock/iStock/Maridav
S. 15: Foto © Thinkstock/iStock/Jacek Chabraszewski
S. 16: A © Thinkstock/iStock/KOHb; B © Thinkstock/iStock/S-S-S; C © Thinkstock/iStock/davidcreacion
S. 17: P © iStock/Sergey Novikov; E © iStock/sturti; C © Thinkstock/iStock/SPrada; A © Glow Images/imagebroker.com; M © Thinkstock/iStock/JackF; R © Thinkstock/iStock/Szabolcs Takacs; N © iStock/Serghei Starus; Junge und Mädchen © Thinkstock/iStock/Jacek Chabraszewski
S. 18: Ü2 © Thinkstock/Photodisc; Ü3: Tafelhintergrund © Thinkstock/iStock/Maridav; Junge © Thinkstock/iStock/Jacek Chabraszewski
S. 21: Ü3: Schwimmen © Thinkstock/iStock/yuran-78; Logo © iStock/YU22; Ü5 © Thinkstock/Jupiterimages
S. 23: Mädchen krank © fotolia/Katarzyna Bialasiewicz; Arzt © fotolia/Picture-Factory; Aushang Einladung: Hintergrund © Thinkstock/iStock/Maridav; 1. Spalte von oben: © fotolia/Katarzyna Bialasiewicz; © iStock/Eva Katalin Kondoros; © Thinkstock/iStock/Leslie Banks; 2. Spalte von oben: © Thinkstock/iStock/bwancho; © iStock/Johnny Greig; © Thinkstock/iStock/shvili; Junge SMS schreiben © Thinkstock/iStock/shvili; Futsal © mauritius images/Alexander Mitrofanov/Alamy
S. 24: Hintergrund © Thinkstock/iStock/Maridav; 1. Spalte von oben: © fotolia/Katarzyna Bialasiewicz; © iStock/Eva Katalin Kondoros; © Thinkstock/iStock/Leslie Banks; 2. Spalte von oben: © Thinkstock/iStock/bwancho; © iStock/Johnny Greig; © Thinkstock/iStock/shvili
S. 25: Futsal © ddp images/Xinhua, Text © Rainald Kauer, Bacharach
S. 27: links © Thinkstock/iStock/bwancho; rechts © fotolia/Katarzyna Bialasiewicz
S. 28: © Thinkstock/iStock/Leslie Banks
S. 29: Arzt © fotolia/Picture-Factory; Praxisschild © Thinkstock/iStock/Robert Eastman; Frau © Thinkstock/Getty Images/Jupiterimages
S. 30: Foto © fotolia/Picture-Factory
S. 31: © mauritius images/Alexander Mitrofanov/Alamy
S. 32: Junge © Thinkstock/iStock/shvili; Mädchen © fotolia/Katarzyna Bialasiewicz
S. 33: Ü8 © Thinkstock/iStock/shvili
S. 34: Junge © iStock/Louis-Paul St-Onge, Pikto Fußball © Thinkstock/iStock/davidcreacion; Ü1b: 1 © Thinkstock/iStock/bergserg; 2a © Thinkstock/iStock/Petrichuk; 2b © Thinkstock/iStock/brown54486; 3a © Thinkstock/iStock/thehague; 3b © Thinkstock/iStock/rcaucino; 4a © SV Raika Weerberg; 4b © Thinkstock/iStock/susaro; 5a © fotolia/pololia; 5b © Thinkstock/iStock/olezzo; 6a © Thinkstock/Stockbyte/Jupiterimages; 6b © Thinkstock/Pixland
S. 35: Statistik: Junge © Thinkstock/iStock/Roman_Gorielov; Mädchen © Thinkstock/iStock/rbv; Ü2b: Ski © PantherMedia/Alexander Rochau; Tennis © fotolia/fresnel6; Logo Fußball © Thinkstock/iStock/susaro; Turnen © iStock/oleg66; Schwimmen © Thinkstock/Pixland; Logo Tischtennis © Thinkstock/iStock/Andrej Ivosev
S. 37: oben © PantherMedia/Vaitekune; mitte rechts © fotolia/weenee; mitte links: Haus © Robert Metzger, Rickenbach; Personen von links: © Thinkstock/Monkey Business Images/Stockbroker; 2x © Thinkstock/iStock/Spotmatik; © Thinkstock/Purestock; unten rechts © Thinkstock/iStock/ShotShare; unten links © Thinkstock/iStock/rclassenlayouts
S. 38: Haus © Robert Metzger, Rickenbach; Personen von links: © Thinkstock/Monkey Business Images/Stockbroker; 2x © Thinkstock/iStock/Spotmatik; © Thinkstock/Purestock
S. 39: von links: © Thinkstock/iStock/Spotmatik; © Thinkstock/Monkey Business Images; © Thinkstock/Purestock; © fotolia/sanneberg; © fotolia/phoenix021; © Thinkstock/Photodisc/Michael Blann
S. 40: 1. Reihe von links: © Thinkstock/iStockphoto/Olga Popova; © Thinkstock/iStock/mayamo; © fotolia/Laura Jeanne; © iStock/ranplett; © iStock/kgfoto; 2. Reihe von links: © Thinkstock/iStock/Noam Armonn; © Thinkstock/iStockphoto/Alena Dvorakova; © Thinkstock/iStockphoto; © iStock/RedHelga; © Thinkstock/iStock/Viktar; 3. Reihe von links: © iStock/milanfoto; © fotolia/Mara Zemgaliete; © iStock/adisa; © Thinkstock/iStock; © Thinkstock/iStock/Andrei Männik; 2x © Thinkstock/iStock/photka
S. 41: Ü6 © Thinkstock/Stockbyte/George Doyle
S. 42: Ü1 © PantherMedia/Vaitekune; Ü2: links © Thinkstock/Monkey Business Images; rechts © Thinkstock/Purestock
S. 43: Ü3 © Thinkstock/Purestock; Ü4 © Thinkstock/iStock/monkeybusinessimages
S. 44: Junge © Thinkstock/Photodisc/Michael Blann; Mikrophon © fotolia/Ersin Kurtdal; Marimba © Thinkstock/iStock/Trodler
S. 45: 1 © iStock/querbeet; 2 © Thinkstock/iStock/walencienne; 3 © Thinkstock/iStock/TBE; 4 © Glowimages/Imagebroker RM/Karl F. Schöfmann; 5 © Thinkstock/iStock/Arndale
S. 49: oben © fotolia/Picture-Factory; unten © fotolia/Carola Schubbel
S. 51: Haus © PantherMedia/M. Perez Leal
S. 55: Hund © Thinkstock/AbleStock.com; Reihenhaus © PantherMedia/M. Perez Leal
S. 57: Foto © Hueber Verlag/Iciar Caso
S. 58: Rock © Thinkstock/iStock/Tarzhanova; Mütze © Thinkstock/iStock/Ilya_Starikov

Quellenverzeichnis

S. 59: Ü3: 1. Reihe von links: © fotolia/Alexandra Karamyshev; © Thinkstock/iStock/JoyTasa; 2x © Thinkstock/iStock/Carol_Anne; 2. Reihe von links: © Thinkstock/iStockphoto; © Thinkstock/Hemera/Evgenii Karamyshev; © iStock/largeformat4x5; © Thinkstock/iStock/Lalouetto
S. 62: © Thinkstock/iStock/JackF
S. 63: Ü3a, Ü3c: links © PantherMedia/Ingram Vitantonio Cicorella; rechts © Thinkstock/DigitalVision/Allan Danahar; Ü3d © Thinkstock/Wavebreakmedia Ltd
S. 65: Riesenrad © Thinkstock/iStock/ronaldino3001; Spiel © Thinkstock/iStock/RoterPanther; Maibaum © iStock/graphit77
S. 67: Übungsvarianten: Tafelhintergrund alle © Thinkstock/iStock/Maridav
S. 74: Girlande (wdh. S. 75) © Thinkstock/iStock/www.pelzinger.de; Polaroid Oktoberfest © PantherMedia/Michael Kupke; Mädchen © Thinkstock/iStock/PeJo29; Junge © fotolia/mma23; Pferdewagen © Thinkstock/iStock Editorial/juergen2008; Hintergrund Papier © Thinkstock/iStock/Hiroyuki Akimoto; Brezel © Thinkstock/iStock/Grafner; Ludwig von Bayern © Thinkstock/iStock/Georgios Kollidas; Oktoberfest schwarz-weiß © INTERFOTO/Friedrich Rauch
S. 75: Achterbahn © iStock/filmfoto; Wurfbude © Thinkstock/Polka Dot Images; Festzelt © iStock/tichr; Riesenrad © MEV/Kitz Mark; Lebkuchenherz © Thinkstock/iStock/demarco-media
S. 76: Hintergrund Papier © Thinkstock/iStock/Hiroyuki Akimoto ; Geschirrstand © Thinkstock/iStock/AMzPhoto; DOM © iStock/Meinzahn; Freimarkt © fotolia/chrisstockgraphy; Dampflok © Thinkstock/iStock/anyaivanova; Züri-Fäscht © Verein Zürcher Volksfeste; Herbstmesse Basel © fotolia/Leonid Andronov; Illu Feuerwerk © Thinkstock/iStock/radenmas; Feuerwerk © Thinkstock/iStock/Larry St. Pierre
S. 77: Maibaum oben links © MEV; Maibaum oben rechts © iStock/Dieter Hawlan; Maibaum-Aufstellen © iStock/filmfoto; Maibaum-Kraxeln © iStock/M_MUC1968; Maibaum unten rechts © iStock/Carso80
Alle weiteren Bilder: Florian Bachmeier, Schliersee
Bildredaktion: Nina Metzger, Hueber Verlag, München